建築図法

立体・パース表現から設計製図へ

佐藤健司 著

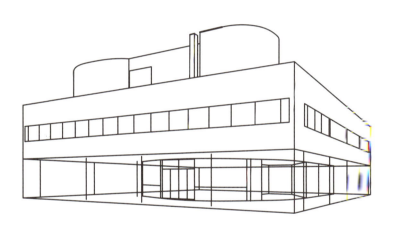

学芸出版社

まえがき

本書は、これから建築を学ぼうとする学生を対象にした「図学」の教科書である。

過去に私が学んだ一般教養課程での図学は、18世紀の数学者ガスパール・モンジュの投影法をもとにした理論重視の作図教育だった。図学は数学の一分野であり、それは当然のことであった。建築家フランク・ロイド・ライトが学生時代に描いたエンジニアリング・ドローイングは、放物線の弧を用いた回転体に太陽光線による陰影を描き出したものである。それは、まさしく伝統的な図学教育のあり方を今日に伝えている。

一方、この理論重視の図学教育にたいして、私が建築学科の初年度で学んだ図学は、ライトやル・コルビュジエによる名作の透視図を、鉛筆で作図し、インクと水彩で仕上げる訓練だった。それは「習うより慣れろ」という性格のものだった。柔道やいけばなの「型」に近い。「道」と言い換えてもよいかもしれない。図学とは、一言で言えば、3次元の立体をどのようにして2次元の紙の上に表現するか、その「型」を覚えるということである。

本書では、さまざまな「図法」について、例題を通して学ぶ。しかし、それらの例題は、できる限り多くの図法を網羅するという意図で選ばれたわけではない。建築設計の現場で最低限、理解しておいてほしいと思われる作図法に絞っている。むしろ、個々の図法が「建築」とどのように関わるのか、その解説に多くの紙幅を割いている。建築史における幾つかのトピックスについて、作図の観点から考察し、解説を加えたものである。さらに、製図板上での作図に加え、模型の作成やコンピュータを使った作図についても概要を記している。学生諸君には建築の基礎には図学＝幾何学があるのだということを体得してほしい。

本書は、静岡理工科大学での図学教育の実践に基づいて企画・制作したもので、全国の大学・専門学校等で建築を初めて学ぶ学生にとって、図学と建築概論を同時並行で習得するための教科書となることをめざしている。制作にあたって、磯崎新アトリエ、谷口建築設計研究所、前川建築設計事務所には、参照事例として図版の使用を快諾していただけたことに感謝を申し上げたい。

佐藤健司

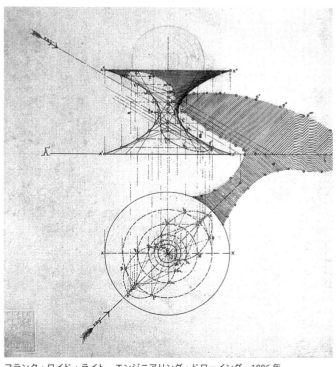

フランク・ロイド・ライト、エンジニアリング・ドローイング、1886年
(出典：Peter Gössel, *Frank Lloyd Wright 1885-1916 The Complete Works*)

目　次

　　まえがき　3

第1章｜分割するということ　　5
　　1. 直線の等分割　6　　2. 角の2等分　6　　3. 直線の垂直2等分線　7　　4. ボロノイ図の作図　7　　5. 黄金比　8
　　6. 正多角形　9　　7. なわばりの幾何学　10　　8. タイル割りと平面充填問題　12

第2章｜円と直線をなめらかにつなげる　　13
　　1. 円に外側の1点から接線を引く　14　　2. 2つの円の共通接線を引く　14　　3. 資生堂アートハウスの平面図　16
　　4. 疑似楕円　17　　5. スプライン曲線・曲面　19　　6.「分割する」ことと「つなげる」こと　21

第3章｜建築は箱である　　23
　　1. 模型制作用図面　24　　2. 模型制作　26　　3. アドルフ・ロースのラウムプラン　27
　　4. 平面図・断面図の作図　27　　5. ローマの教訓とプラトン立体　31　　6. パンテオンとシェル（殻）　32

第4章｜全体を俯瞰する　　35
　　1. 平面図と立面図　36　　2. 等測軸測投象図（アイソメトリック図）を描く　38
　　3. 等測図（アイソメトリック図）の簡便な描き方　39　　4. 斜投象図（アクソノメトリック図）　39
　　5. デ・スティルとシュレーダー邸　42　　6. 正四面体の作図　43　　7. ル・コルビュジエの「建築家各位への覚書」　45

第5章｜複雑な立体　　47
　　1. 模型の制作　48　　2. マレーヴィッチのアルキテクトニキ　49　　3. 陰影を作図する　49
　　4. 平面図、断面図、アクソノメトリック図に陰影を作図する　51　　5. コンピュータでの作図　54

第6章｜透視図の基礎　　55
　　1. 点の透視図　56　　2. 地平面上の長方形の透視図　58　　3. 視点位置を変更して、地平面上の長方形の透視図を描く　59
　　4. 直方体の透視図　62　　5. 画面に対し平面的に30°回転して置かれた直方体の透視図　63
　　6. 直方体の二点透視図において視点高さを変更する　65　　7. フランク・ロイド・ライトのプレーリー・ハウス　66

第7章｜室内の光と影　　69
　　1. 前川國男邸　70　　2. 建築図面の構成　72　　3. リビング・ルームの一点透視図　73
　　4. アウトラインをワトソン紙に転写して、水彩で仕上げる　76　　5. カルタゴの家　76　　6. ピラネージの牢獄シリーズ　77
　　7. 北京国家大劇院のコンコース　78

第8章｜印象に残る全景　　79
　　1. サヴォア邸　80　　2. 直方体のボリュームの透視図　81　　3. サヴォア邸の外観透視図、アウトラインの作図　84
　　4. ワトソン紙に転写して、水彩で仕上げる　89　　5.「ドミノ」型住宅　89　　6. 新しい建築の5つの要点　90
　　7. ル・コルビュジエとカーンのアクロポリス　91

　　図版出典・クレジット一覧　92
　　参考文献一覧　93
　　巻末折図｜〈サヴォア邸〉平面図・断面図

第1章
分割するということ

パルテノン神殿、紀元前438年完工

建築の基礎には「分割」する行為がある。
直線を分割する。
角度を分割する。
平面を分割する。
空間を分割する。
分割に関わる様々な作図法を学ぶことから出発しよう。

1. 直線の等分割

はじめに、1本の直線（線分）を等分割することを考えよう。例として線分 AB を5等分しよう（**図 1.1**）。実際の製図で、例えば AB の長さが 100mm などのように、単純に5で割り切れるような場合は、スケールを使って 20mm ごとに印をつければ事足りてしまう。しかし、AB の長さが 97.4mm であるような場合は、19.48mm ごとにマーキングするのは困難である。このような場合、幾何学的な作図によって等分割する。

1️⃣ 任意の長さの直線（線分）AB が与えられる。

2️⃣ 端点 A から長さ 50mm の線分 AC を引く。50mm としたのは 10mm ごとにスケールを使って簡単に5等分できるからである。あるいは、コンパスを使って等距離の5つの点をマーキングしてもよい。20mm の間隔で計 100mm の長さの線分でもよい（図では A ➡ 1 ➡ 2 ➡ 3 ➡ 4 ➡ C）。このとき、線分 AB と線分 AC のなす角度は任意でよい。

3️⃣ 端点 B と端点 C を結ぶ。

4️⃣ 1〜4 の各点を通り直線 BC に平行な直線を引く。線分 AB とそれぞれの直線との交点を 1′、2′、3′、4′ とすれば、それらは AB を等分割した点となる。

この方法で任意の2点間を任意の数で分割することができる。もとの線分 AB が等分割されることは相似な三角形の比例を考えれば自明である。この方法は例えば、建築の平面図で階段を作図する場合などに便利である。

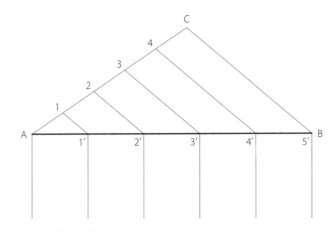

図 1.1　直線の等分割

2. 角の2等分

次に、任意の角度を2分割する方法を考えよう（**図 1.2**）。

1️⃣ 線分 OB と OA が任意の角度で交わっているとする。

2️⃣ 点 O を中心として任意の半径で円弧 CD を描く。線分 OA、OB との交点を C、D とする。

3️⃣ 点 C、D を中心として任意の半径で円弧を描き、その交点を E とする。

4️⃣ 直線 OE は角 AOB を2等分した直線となる。

ある角度に対して、この操作を繰り返してゆけば、2等分、4等分、8等分、16等分……が可能である。建築の設計では 90°を2分割、4分割、8分割した 45°、22.5°、11.25° という角度がよく用いられる。しかし、角を3等分する簡便な方法は見当たっていない。このことは、建築の設計では任意の角度を3分割するような操作が難しいことを示している。例外的に 90°を3分割した 30°、および 30°を2分割した 15°という角度はよく用いられる。三角定規を使えば 30°、60°の角度は自明であるし、あるいはコンパスを使って正三角形を描けば 60°の角度が得られるからである。

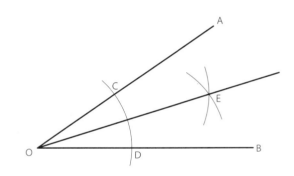

図 1.2　角の2等分

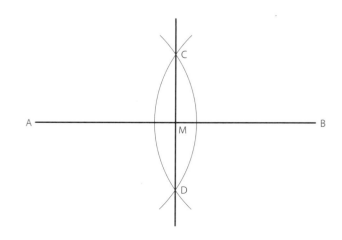

図 1.3　直線の垂直2等分線

3. 直線の垂直2等分線

線分 AB が与えられたとき、その中点 M を通って AB に垂直な直線 CD を描くことを考えよう（**図 1.3**）。

1. 線分 AB が与えられる。
2. 端点 A、B を中心として、同一の半径の円弧を描く。その交点を C、D とする。
3. 直線 CD は線分 AB の垂直2等分線となる。

この方法で、中点を求めることと同時に、直角を導くことができる。平行定規（または T 定規）と三角定規があれば、水平、垂直の線を引くことは容易である。実際、建築の設計図は平行定規と三角定規を用いて、水平、垂直の直線群を引くことから始める。すなわち基準線をグリッドとして描く。しかし、この方法によれば、1本の定規とコンパスがあれば直角が導き出せることになる。

この方法で描かれた垂直2等分線は、平面を2つの領域に分割することに注目しよう。**図 1.3** でいえば、点 A の属する領域 A と点 B の属する領域 B である。それぞれ点 A および点 B の属する半平面という。そして領域 A に属する任意の点を C とすると距離 AC は必ず距離 BC よりも小さくなる。つまり、領域 A のなかの点は必ず点 B より点 A に近く、領域 B のなかの点は点 A より点 B に近い。この性質が、次に述べる平面上に分布する各点の「なわばり」の領域を示す図（ボロノイ図）の作図につながってゆく。

4. ボロノイ図の作図

直線の垂直2等分線の作図を応用してボロノイ図を描こう（**図 1.4**）。

1. 平面上にランダムな10個の点 A～J が与えられたとする。
2. 近接する2点、例えば A と B、A と I、A と H などを端点とする線分の垂直2等分線を描く。
3. この操作をすべての近接する2点について行う。
4. 描かれる垂直2等分線をたがいに結んでゆけば、図のような各点それぞれの領域を示す多角形が描かれる。

はじめに与えられた点（A～J）を母点または種（シード）という。作図されたそれぞれの多角形をボロノイ領域という。あるボロノイ領域の中の任意の点は必ず、その領域の母点に、他の領域の母点よりも近い。つまりボロノイ図は、それぞれの母点の影響を及ぼす範囲を示している。言い換えると、「なわば

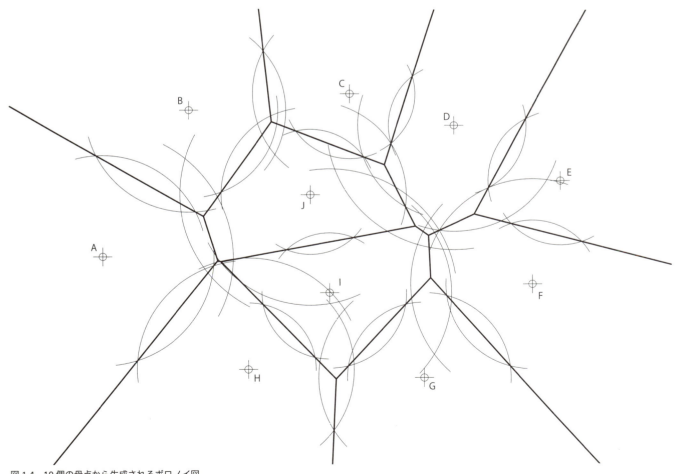

図 1.4　10個の母点から生成されるボロノイ図

り」を示している。それぞれのボロノイ領域は凸多角形（凹みのない多角形）で、全平面を母点の数で平面分割するということを理解しておこう。

5. 黄金比

ここまでの事例では線分を等分割、すなわち1：1の比で分割する手法を見てきた。次に黄金比で分割することを考えよう。黄金比とは1：1.618、正確には1：$(1+\sqrt{5})/2$ という比率のことである。2辺が1：1の比である長方形は正方形であり、黄金比をもった長方形は黄金矩形と呼ばれる。建築や美術では、古来より黄金矩形がもっとも安定した美しい長方形であると言われてきた。ここではまず、線分を黄金比で分割する手順を示そう（**図1.5**）。

1. 2辺の長さが1：2となる直角三角形を描く。図の三角形ABCではAB＝50mm、AC＝25mmである。斜辺BC＝$\sqrt{5}\times AC$＝55.902mmである。黄金比に関係の深い$\sqrt{5}$が現れることに注意しよう。
2. Cを中心にしてCAの長さが半径となる円を描く。その円と斜辺BCの交点をDとする。
3. Bを中心として半径BDの長さの円を描く。その円と辺ABの交点をEとする。
4. こうして直線ABが黄金比で分割される。すなわち、AE：BE＝1：1.618である。

図1.6はギリシャのパルテノン神殿の立面図である。底辺：最高高さ、最高高さ：梁下端までの高さ、梁下端までの高さ：梁下から頂部までの距離、など立面各部が黄金比で構成されていることが見出される。

次に、黄金矩形の描き方を示そう。前述のように、黄金矩形とは2辺が1：1.618の比をもつ長方形のことである。

1. 正方形ABCDを描く。図では1辺30mmで作図している。
2. 辺ABの中点Mを求める。コンパスを使って垂直2等分線を描いて中点を求めてもよいし、三角スケールを用いて15mmの位置にマーキングしてもよい。
3. Mを中心としCを通る円を描く。線分ABをその円まで延長し、その交点をEとする。
4. 辺ADに平行に線分EFを描く。長方形AEFDは黄金矩形である。

ここでもMをABの中点とすることで、三角形MBCが1：2の比率の辺をもつことに注意しよう。すなわち、円の半径MC＝$\sqrt{5}\times MB$である。ここでも$\sqrt{5}$という数字が出現する。そして、この図において全体の黄金矩形AEFDから、もとの正方形

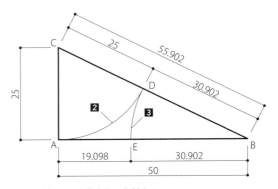

図1.5　線分ABを黄金比で分割する

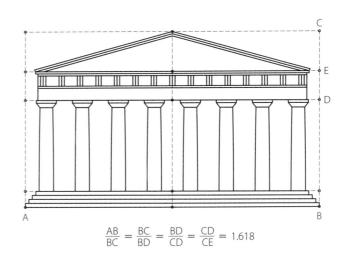

$$\frac{AB}{BC}=\frac{BC}{BD}=\frac{BD}{CD}=\frac{CD}{CE}=1.618$$

図1.6　パルテノン神殿立面図

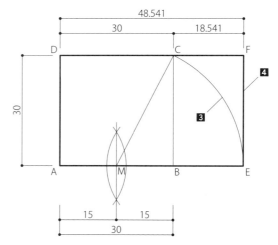

図1.7　黄金矩形

ABCDを差し引いた残りの長方形BEFCもまた黄金矩形になる。つまりBE:EF＝1:1.618である。ということは黄金矩形BEFCから1辺BEの長さの正方形を差し引けば、また黄金矩形が現れる。これを繰り返せば、縮小されながら無限に黄金矩形を描きだすことができる。その様子を**図1.8**に示す。そして各正方形に1/4円を描いてゆけば、その円弧はなめらかに接続され、全体として螺旋形が描かれる。黄金螺旋と呼ばれる曲線である。

6. 正多角形

まず、円を使って正三角形と正六角形を作図しよう（**図1.9**）

❶円Oの中心Oを通る直線ABを引き、交点A、Bから円Oと同じ半径の円を描く。

❷円Oとの交点をC、D、E、Fとし、AEFを結べば正三角形が、ADFBECを結べば正六角形が得られる。

次に、正方形と正八角形を作図しよう（**図1.10**）。

❶円の中心を通り直交する2本の直線を引く。円との交点をA、B、C、Dとする。

❷BDとBCの垂直2等分線を描けば、45°と135°の角度の直線が得られる。このとき、円Oと同じ半径の円をB、C、Dを中心として描けば垂直2等分線が簡便に描ける。実際の建築製図では45°の三角定規を使ってもよい。それらの直線と円Oとの交点を結んでゆけば正方形や正八角形が描かれる。

正五角形を描く方法はやや難しい（**図1.11**）。

❶円Oに直交する2軸を描き、円との交点をA、B、C、Dとする。

❷ODの中点Mを求める。線分の垂直2等分線を求める要領である。点AとMを結ぶ。三角形OMAは1:2の辺の比をもつことに留意しよう。つまり正五角形は黄金比と関係が深いことになる。円の半径を1とすると、DEの長さは$\sqrt{5}/2 + 1/2 = 1.618$、つまり黄金比である。

❸次にAを中心にして半径AEの長さの円を描く。円Oとの交点をFとする。AFが正五角形の一辺となる。一辺の長さがわかれば、順次、その長さを半径とする円を描いてゆくことにより、すべての頂点が求められる。

これらの2次元の正多角形は3次元空間では正四面体、立方体（正六面体）、正八面体、正十二面体、正二十面体という5種類の立体（正多面体）に拡張される。それらの正多面体と球はプラトン立体と呼ばれ、建築設計の歴史において、常に空間を構想する原点となった立体である。

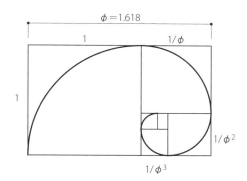

図1.8　黄金螺旋

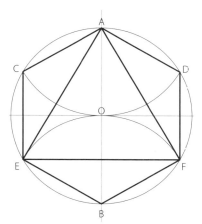

図1.9　正三角形と正六角形

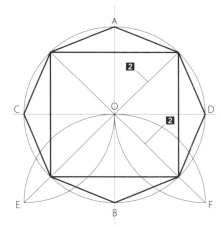

図1.10　正方形と正八角形

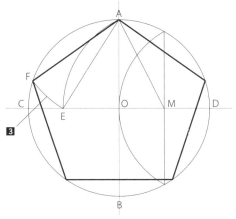

図1.11　正五角形

7. なわばりの幾何学

ふたたびボロノイ図に戻ろう。前の例題ではコンパスと定規を使って 10 点の母点からボロノイ図を作図してみた。ボロノイ図をもとにして、例えば、都市の中のコンビニの出店計画などを考えることができる。それぞれの店舗は都市の中で商圏（なわばり）を持っていて、なわばりの大きさによって収益の見通しをシミュレートできる。

コンビニだけでなく、都市の中には多数のなわばりが存在する。例えば、小学校区というのは小学校を中心として歩いて通える範囲のコミュニティを形成している。コミュニティ・センターや公民館は近隣住区内の生涯学習のための施設であるが、そのカバーする領域はおおむね小学校区に重なる。そして近傍の複数の小学校区が集まって中学校区が形成される。このように、都市の構造を無数のなわばりが重層化したものとして理解することもできる。

しかし母点の数が多数になったとき、その作図は手作業では困難である。そのような場合はコンピュータの力を借りることになる。参考に、**図 1.12** はランダムに打った 500 点を母点とするボロノイ図である。Python というプログラミング言語と AutoCAD を用いて作図している。膨大な数の構成要素を対象とするシミュレーションではコンピュータを利用することになる。単体の建築でも、柱、梁、床、壁、開口部などの構成要素に分解すれば、そのデータ量は膨大である。

コンピュータのメモリ上で 3 次元オブジェクトを配置することをモデリングと言う。その経験があれば理解しやすいが、1 つの建築は寸法やプロポーションの異なる多数の直方体の集合体である。その数は数万に及ぶこともある。無数の直方体の 3 次元的な配置を決定する作業が建築の設計だとも言えるくらいである。そして、個々の建築が集まって形成される都市においては要素間の関係はさらに複雑である。都市は無数の要素が絡み合った錯綜体である。

コンピュータを利用したもうひとつの興味深い例が 3 次元ボロノイ図の可視化である。個々の 3 次元ボロノイ領域は立体（凸多面体）である。隣接する領域の境界は線ではなく面である。

図 1.13 はランダムな 50 点を母点とする 3 次元ボロノイ図である。境界面は半透明の膜としてレンダリングしている。個々のボロノイ領域は水晶のような形をした多面体である。それらは 3 次元空間を埋め尽くしている。ちょうど 2 次元のボロノイ

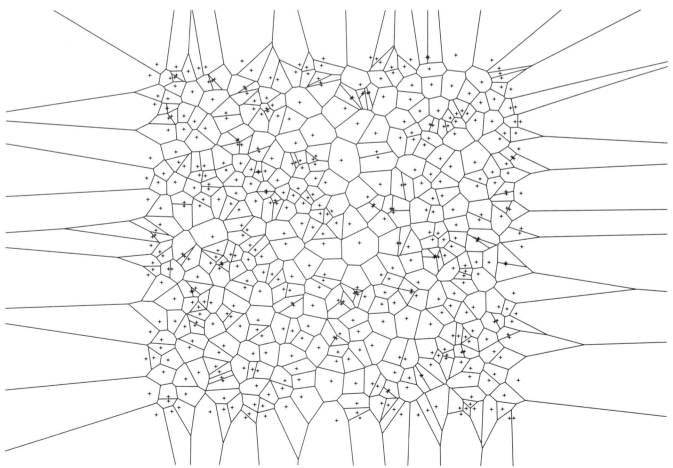

図 1.12　ランダムな 500 個の母点から生成されるボロノイ図

図が平面を埋め尽くしているように。

　図 1.14 は 2007 年竣工の深圳文化センター（設計：磯崎新アトリエ）の黄金樹の検討図である。コンサートホールと図書館のエントランス・ロビーを形作るガラス屋根のアトリウムである。このアトリウムは多面体の集合として構成される。三角形状のガラス面は 4 本の樹状の構造体で支持される。実は、この構造体は 3 次元ボロノイ図を使ってデザインしたものではない。しかし、空間を多面体で充填するという考えは共通している。多面体の最上部の屋根はガラス面を構成し、内部の稜線は鉄骨の構造体に置き換えられる。

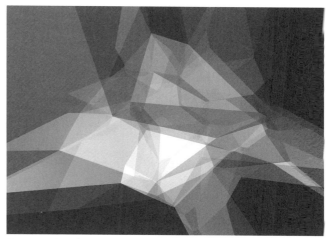

図 1.13　3 次元ボロノイ図（母点数 50）。多面体による空間分割

図 1.14　深圳文化センター、黄金樹のスタディ （図版提供：磯崎新アトリエ）

8. タイル割りと平面充填問題

　ボロノイ多角形が平面を埋め尽くすパターンは、古来より様々な哲学者、数学者によって考えられてきた「タイル割りの問題」を思い起こさせる。どのような形のタイルを使えば、平面を隙間なく敷き詰めることができるか、という問題である。すぐにでも思いつくのは正方形や長方形のタイルである。1種類のタイルで平面を充填できる正多角形は、正三角形、正方形、正六角形の3種類しか存在しないことがピタゴラスによって証明されている。正多角形という枠を外せば、あらゆる三角形や平行四辺形が敷き詰め可能である。興味深いのは五角形による平面充填で、最近発見されたパターンは2015年のことであるという（**図1.15**）。それも含めて全部で17パターンしか発見されておらず、それ以上、存在しないことも証明されているという。

　タイル割りの問題は、何もない平坦な大平原に新たに都市を建設する場合の手法を思い出させる。ニューヨークやオーストラリアの都市が該当する。そこではまず、大地の上に、碁盤の目のような街路が設定される。その直交する道路網はグリッドと呼ばれる。グリッドは長方形や正方形のタイルを敷き詰めたものとして理解される。道路で四周を囲まれた個々の領域は街区と呼ばれる。その上で、街区に建物が立ち上がり、空間が充填されてゆく。このプロセスにおいて注目すべきは道路の機能である。道路とは本来、離れた2点を結ぶことがその第一の機能である。同時に、土地を2つの領域に分割して街区を形成する機能を果たしている（**図1.16**）。1本の直線が平面を2つの領域に分割するのと同じである。手書きで白紙にスケッチをするとき、上から下に向けて、1本の線を描いたとしよう。それは上下を結ぶと同時に、平面を右と左に分割している。

　都市計画とは、ごく単純化して言えば、グリッドのそれぞれの領域に用途を当てはめることである。住居地域や商業地域、工業地域などである。こうして、領域ごとの土地の利用方法が規定されてゆく。これをゾーニングという。このゾーニングと、道路網やエネルギー網などの網＝ネットワークの計画が、都市計画の主要な2つの手法である。それぞれ土地利用計画および交通計画と呼ばれる。面的計画および線的計画と言い換えてもよい。長方形タイルの敷き詰めの例では、領域（面）と境界（稜線）の計画に相当する。

　そして、2次元の都市のグリッドに高さを与えて3次元化したものが建築のフレーム（柱・梁による架構）だと考えることができる。概念的にはX軸、Y軸、Z軸の3方向に無限に連続する立体格子となる。だから、建築の場合は平面分割ではなく空間分割が主題になる。空間を埋め尽くす立体格子のそれぞれ

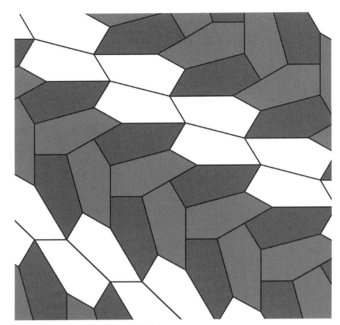

図1.15　五角形による平面充填の例
（出典：Jeep's Scratch Pad, *"Tilings with a convex pentagonal tile"*）

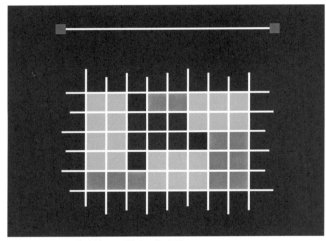

図1.16　つなぐ道（上）と区画する道（下）

の領域に機能を当てはめる。住宅の場合であれば、どの領域を居間や寝室などに割り当てるかということになる。つまりゾーニングである。その上で、それぞれの領域をつなぐネットワークを考える。具体的には、廊下や階段の計画であり、動線計画と呼ばれる。都市計画における交通計画に相当する。

　こう考えてみると、建築や都市の設計には、その根底に「埋め尽くす」「敷き詰める」というオペレーションが常に下敷きになっていることがわかる。空間は隙間なく、最大限、有効利用されなければならない、という信念にも似たようなものがそこにはある。そして、その基礎は直線の垂直2等分線の例に見られるように、「分割する」という行為が支えている。直線を分割し、平面を分割し、空間を分割する行為である。

第2章

円と直線を
なめらかにつなげる

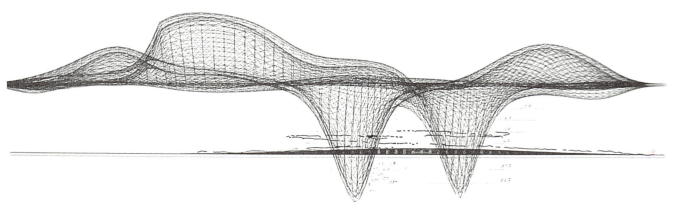

北京国家大劇院コンペ案、大屋根のスタディ、1992年
(図版提供：磯崎新アトリエ)

この章では「連続させる」という行為について考えよう。
それは前章での「分割する」行為と対をなして建築の基礎を形作る。
幾何学的には、円と直線をなめらかにつなげる作図法を学ぶことから
出発しよう。

1. 円に外側の1点から接線を引く

ある円があるとき、外側の1点から円に接線を引くことを考えよう。

1 図2.1で円Oと外側の点Pが与えられているとする。

2 円の中心Oと点Pの中点Mを求める。前章での線分の垂直2等分線の作図法を使う。

3 Mを中心として半径MO（= PO/2）の円弧を描く。描いた円弧と円Oとの交点をQ、Rとする。直線PQ、直線PRが求める接線となる。

角OPQをθ、角POQをδとすると、三角形MPQと三角形MOQがそれぞれ2等辺三角形であることから、角OQP = θ + δ = 90°となることが簡単に証明できる。

2. 2つの円の共通接線を引く

次に、2つの円があったとき、その共通の接線を引く手順を示そう。

1 図2.2において、2つの円O、Pが与えられているとする。円Oの半径はr_1、円Pの半径はr_2とする。ここでは、r_1 = 80mm、r_2 = 50mmとしている。

2 大きい方の円（ここでは円O）の内側に、同じ中心位置Oで、半径$r_1 - r_2$ = 30mmの円を描く。

3 描いた円にたいして、もう片方の円Pの中心Pから接線を引く。前節の手順を用いる。その接点をQ、Rとする。

4 線分OQ、ORを外側の円まで延長し、その交点をS、Tとする。SとTは外側の円の接点である。接点S、Tを通り、それぞれ直線QP、RPに平行な直線を引けば、2本の共通接線SU、TVが描かれる。

5 円Pの接点U、Vは中心Pを通り、線分OS、OTに平行な直線を引くことにより求める。

平行定規の付いた製図板で作業するとき、通常の三角定規ではなく、自由に角度を変えることのできる勾配定規があれば、角度のある直線に平行な直線を引くことが容易である。

実は共通接線は2本ではなく、計4本存在する。上記の方法では、はじめに円Oの内側に半径$r_1 - r_2$ = 30mmの円を描いた。今度は逆に、円Oの外側に半径$r_1 + r_2$ = 130mmの円を描く。以下、上記**1**〜**5**と同様の手順で2本の共通接線が描かれる（図2.3）。

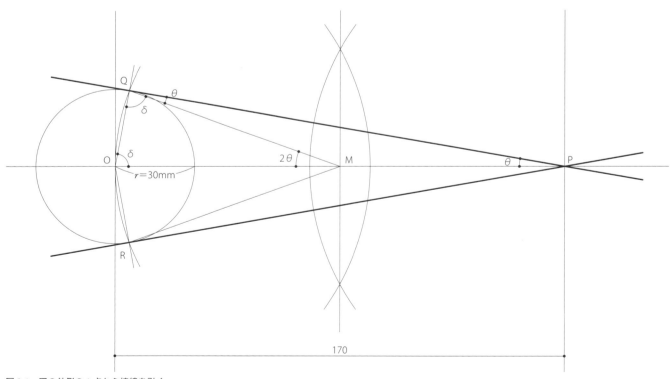

図2.1　円の外側の1点から接線を引く

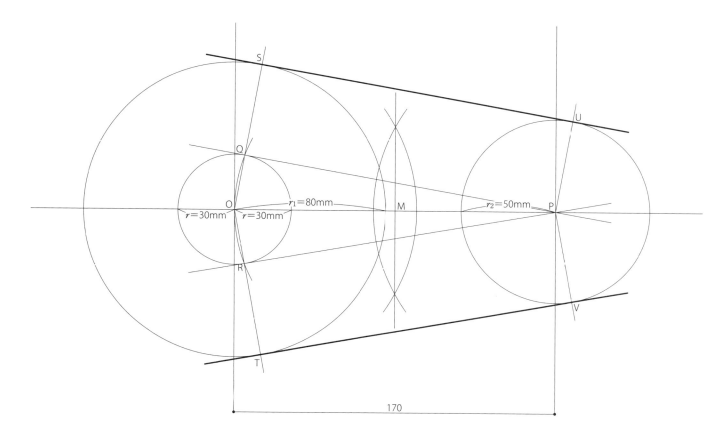

図 2.2　2つの円の共通接線

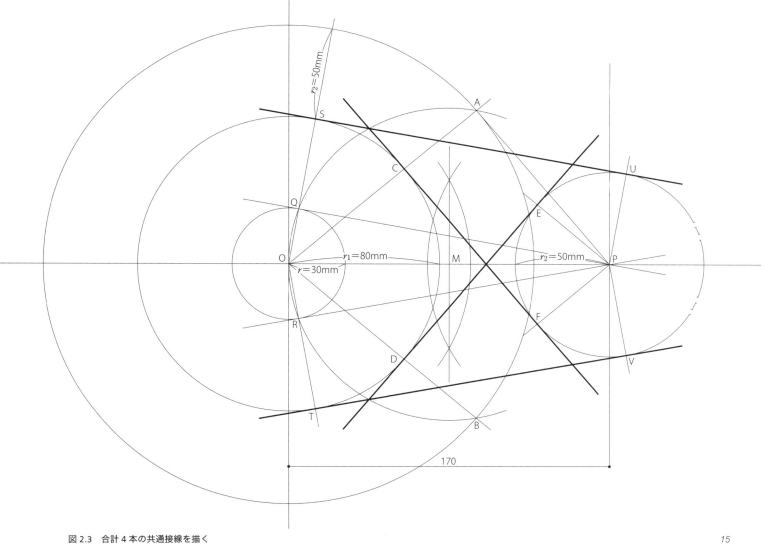

図 2.3　合計4本の共通接線を描く

3. 資生堂アートハウスの平面図

円に接線を引くという作図法が、実際の建築設計でどのように応用されるのか事例で見てみよう（**図 2.4**）。資生堂アートハウスは谷口吉生、高宮眞介両氏による設計で、1978 年に竣工した美術館である。円と正方形を組み合わせた平面型で、純粋幾何学にもとづいた形態が建物に力強さを与えている。この平面には 2 つの円が用いられている。小さい方の円は、正方形のボリュームの内側をくり抜き、もう片方は、大きな円の内側が正方形でくり抜かれている。この大小 2 つの円が共通接線でなめらかに結ばれ、全体としては S 字のカーブを描いている。この円弧と直線とをなめらかに接続することによって一連の曲線を描く手法は、フィットカーブと呼ばれる。その正確な作図なしには、この建物の平面図を描くことはできないし、ひいては建物として成立しない。

構造体、この場合は直径 318.5mm の鋼管の柱であるが、それらは S 字の曲線を中心軸にして配置されている。外壁はプレキャスト・コンクリートのパネルであるが、外壁面の位置は構造体の中心位置から 360mm 外側にある。平面図では S 字のカーブを 360mm 平行移動（オフセット）した線が外壁の断面線の位置となる。

一方、内側は展示室内部の壁面であり、その境界面は S 字カーブの中心線からは 240mm 内側の位置にある。平面図では中心線から 240mm オフセットした直線と円弧が内壁の断面線になる。この内外の断面線の差が、壁の厚さ 360 ＋ 240 ＝ 600mm ということになる。円に接線を引くとは、円弧と直線をなめらかに接続させることに同義である。円弧と直線をなめらかに接続させたフィットカーブの特徴は、それをオフセットしてできる図形もまたなめらかに接続されたフィットカーブになるということだ。実施設計では、このような曲線を正確にオフセットする作図が要求される。基準線とは厚みのない抽象的な線である。ラフ・スケッチで描かれる線も抽象的である。しかし実体としての部材はすべて厚みをもった立体である。それらの部材の大多数はサイズやプロポーションの異なる直方体である。抽象的な線から出発して、厚みのある実体の組み合わせを考えなければならない。そのことに起因して、様々なディテールが考案される。

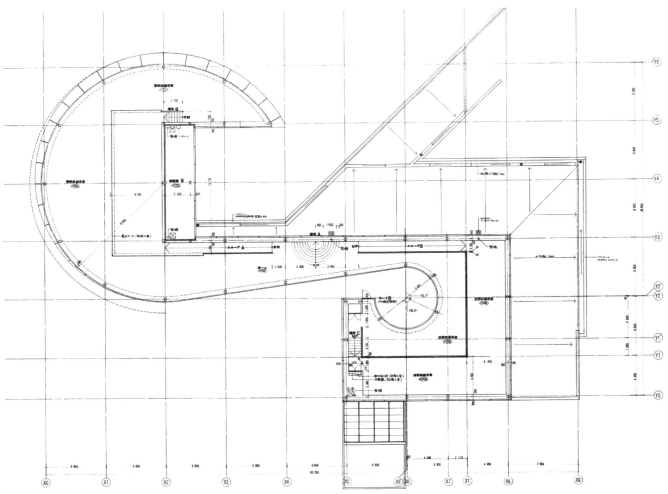

図 2.4 資生堂アートハウス 2 階平面図（実施設計図）（図版提供：谷口建築設計研究所）

4. 疑似楕円

円弧と直線をなめらかに接続させることでフィットカーブが描けるが、円弧と円弧をなめらかにつなげることで疑似楕円を描くことができる（**図 2.5**）。

1. 同一の半径をもつ 2 つの円 O、円 P を描く。図では 2 つの円は OP の中点 M で接しているが、一般的には接している必要はない。

2. 円の中心 O を通る 60°と 120°の角度の直線を引く。この角度も一般的には任意の角度でよい。円 O をそれらの線分で切り取れば、円弧 DAC が描かれる。反対側の円弧 EBF も同様に描く。

3. 次に点 C、D で円弧 DAC になめらかに接する円弧 DF と円弧 CE を描く。それには円弧 DF と円弧 CE の中心が求められればよい。なめらかに接することの条件は点 D で接線が直線 DQ と直交することである。つまり、円弧 DF の中心を直線 DO の延長線上に設定すればよい。楕円は 2 つの円の中心 O と P の垂直 2 等分線に関して、左右対称であるから、求める円弧 DF の中心はその垂直 2 等分線上にあることになる。よって、直線 DO と垂直 2 等分線の交点 Q が求める円弧 DF の中心になる。同様に反対側の円弧 CE も描けば、疑似楕円の全体形が得られる。

このようにして描かれる疑似楕円は後期ルネサンスからバロックの時代にかけて好んで使われた。**図 2.6** はミケランジェロが設計したカンピドリオ広場のエッチングで、1568 年に制作されたものである。この他にもベルニーニの設計によるサン・ピエトロ広場（**写真 2.1**）やボロミーニの設計によるサン・カルロ・アレ・クアトロ・フォンターネ教会など楕円をモチーフにしたデザインは枚挙にいとまがない。

楕円は本来、座標平面上で、x 方向の半径を a、y 方向の半径を b としたとき、$x^2/a^2 + y^2/b^2 = 1$ という式で記述される図形である。楕円の焦点と呼ばれる点（2 点ある）に針を立てて、その間に糸を張って作図する方法が知られているが、正確な作図は困難である。現在では、コンピュータを使えば正確な作図が可能である。しかし例えば、正楕円の外周を等分割しようとすると、とたんに困難に直面する。方程式を解いて座標を求めるということが簡単にはできない。この理由で、実施設計では正楕円を疑似楕円に置き換えることが現在でも多く行われる。

図 2.7 は 1999 年竣工のなら 100 年会館（設計：磯崎新アトリエ）の 3 階平面図である。細長い楕円形の平面型の中に約 1800 席の大ホールと約 500 席のコンサート・ホールがおさめられている。長径 138m、短径 42m というプロポーションである。

図 2.8 は流線型のシェルの作図法を示す図である。底面の細長い楕円は 4 種類の円弧を接続した疑似楕円として作図している。1992 年のコンペ当選案は正楕円でデザインしていた。その後の実施設計段階で疑似楕円を使って再作図された。底面の基準線に沿って、円弧状の断面を配列してゆくことでシェルの全体が構成される。

図 2.6 ミケランジェロ設計のカンピドリオ広場（1536 〜 46 年）

写真 2.1 ベルニーニ設計のサン・ピエトロ広場（1656 〜 67 年）

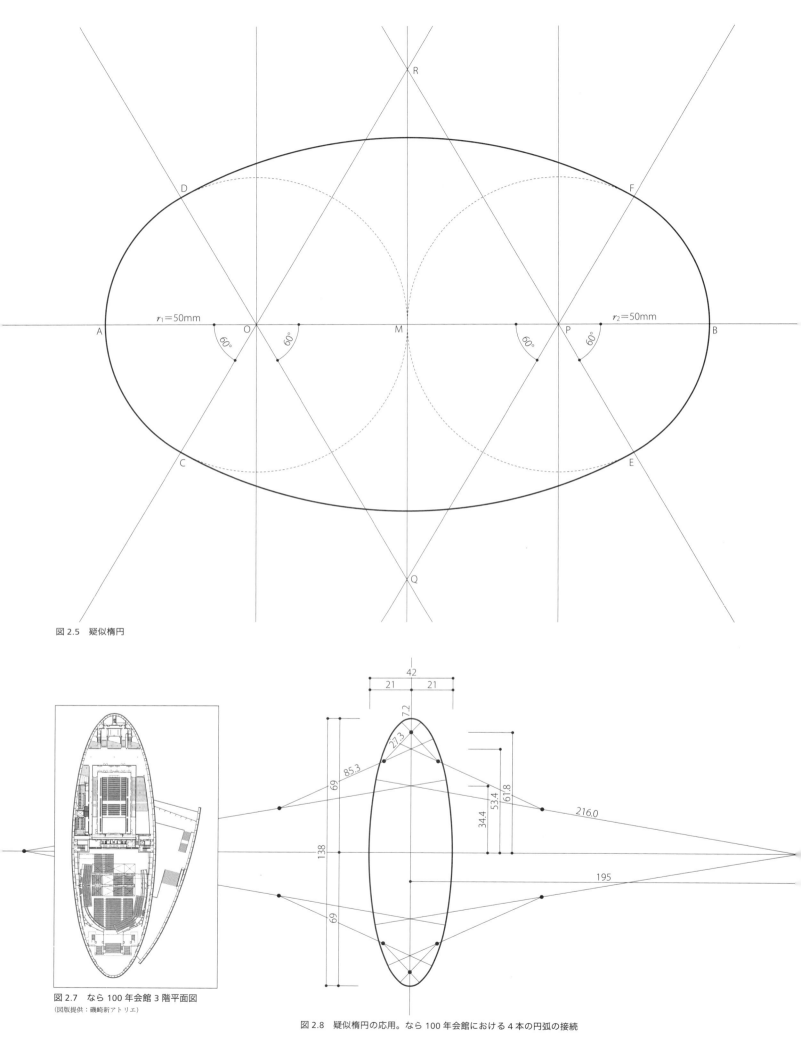

図 2.5　疑似楕円

図 2.7　なら 100 年会館 3 階平面図
（図版提供：磯崎新アトリエ）

図 2.8　疑似楕円の応用。なら 100 年会館における 4 本の円弧の接続

5. スプライン曲線・曲面

　円弧と直線、あるいは円弧と円弧をなめらかに接続してゆけば一連の曲線が得られる。それらは製図板の上でコンパスと定規を使えば容易に作図できる。それゆえ、これまでの建築の設計の歴史において多用されてきた。しかし、もっと一般的な自由曲線はどのように描くのであろうか。ここでは現在、コンピュータ上において最も一般的に用いられるスプライン曲線・曲面について簡単に解説する。

　スプライン曲線・曲面は、円弧や直線の代わりに、複数の3次関数で記述される曲線をなめらかに接続することで得られる。もともとはベジエやド・カステリオといった自動車のエンジニアたちによって開発された手法である。彼らの目的は車の設計で用いられる木型の模型をコンピュータによるモデリングに置き換えることにあったという。

　はじめに2次関数（放物線）について考えよう。**図 2.9** は2次 B-Spline 曲線と呼ばれる曲線を示している。平面上に①、②、③と記した3点があるとする。順番の付いた点の並び、点列は折れ線（ポリライン）とみなすこともできる。その並び方は、①➡②➡③であって①➡③➡②ではないことに注意しよう。このことは、折れ線のような図形には3点の座標のほかに3点の位置関係を示す情報が必要であることを物語っている。これを位相と言う。位相については後に立方体の記述について解説するときに再度ふれる。

　3点が与えられると、始点①と終点③で接する2次曲線（放物線）が一意に描かれる。そして、複数の放物線をなめらかにつないでゆけば一連の曲線が得られる。それは2次 B-Spline 曲線と呼ばれるものである（**図 2.10**）。しかし、2次 B-Spline 曲線は一般的には用いられない。複数の放物線をつないだものは、必ず、1つの平面の上に載ってしまう。3次元空間内の、ねじれた曲線を記述できない。この理由で通常、2次関数ではなく3次関数が用いられる。3次 B-Spline 曲線という。3次関数であるから3点ではなく4点与えられることで1本の曲線が決定される。

　では、この3次関数で記述される曲線をどのようにして、なめらかに連続させてゆくのか。その例が**図 2.11** である。初めに①～⑤の5点与えられたとする。線分②③の中点Ⓐ、線分③④の中点をⒷとする。さらに線分ⒶⒷの中点をⓍとする。つまり、Ⓐ、Ⓑ、Ⓧという3点が追加される。そして、点列①②ⒶⓍと点列ⓍⒷ④⑤を使って、3次の曲線を2本描く。この2本の曲線は、点Ⓧで接続され、線分ABは共通の接線であるから、なめらかに接続されたことになる。最初に与える点の数を増やしてゆけば、この方法で3次元空間内のあらゆる曲線が表現で

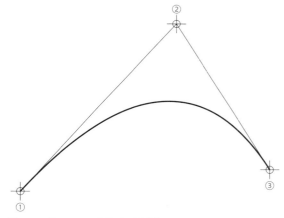

図 2.9　2次 B-Spline 曲線（2次関数）

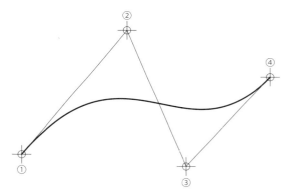

図 2.10　3次 B-Spline 曲線（3次関数）

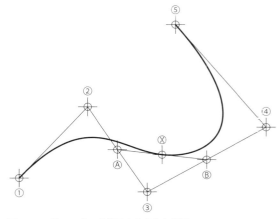

図 2.11　3次 B-Spline 曲線のなめらかな接続

きることになる。はじめに与えた①〜⑤の点はスプライン曲線の制御点と呼ばれる。例えば、点②の位置を少し移動すれば、それに伴って曲線も少し変形する。つまり、点を制御することで曲線が制御できる。

ここまでは曲線についての説明であったが、これを曲面に拡張することは簡単である。例えば、3 次元空間内の直線はベクトル表示すれば、1 つのパラメータ（媒介変数）を使って表示される。直線上の任意の点を p とすれば、$\boldsymbol{p} = \boldsymbol{p}_0 + \boldsymbol{u} \times t$ である。ここで、$\boldsymbol{p}_0$ と $\boldsymbol{u}$ は係数であって、t が変数（パラメータ）である。同様に、平面上の任意の点 p は 2 つのパラメータをもつ。$\boldsymbol{p} = \boldsymbol{p}_0 + \boldsymbol{u} \times t + \boldsymbol{v} \times s$ である。同じことが 3 次元空間内のスプライン曲線とスプライン局面に関して成り立つ。スプライン曲線上の任意の点は 1 つのパラメータで記述され、スプライン曲面上の任意の点は 2 つのパラメータで記述される。だから、曲線上の点を計算するアルゴリズムを 2 つのパラメータに作用させれば、曲面上の点が計算される。これを使って曲面を描いた例を **図 2.12** に示す。曲面は微小な三角形の集まりとして描かれる。曲線の場合、3 次関数を使った 1 つの曲線は、4 点で決定される。曲面の場合は、パラメータが 2 方向あるので、4 × 4 = 16 点で 1 つの曲面が決定される。この 16 点を調整することで曲面の形が変化する。曲線の場合と同じく、この 16 点は曲面の制御点と呼ばれる。この 16 点で描かれる曲面を、なめらかに複数接続してゆけば、より複雑な曲面を描くことが可能になる。このとき 16 点で決定される 1 つの曲面をパッチという。一般的な曲面は複数のパッチがなめらかに接続されたパッチワークである。**図 2.13** はそれぞれのパッチを色分け（グレースケールによる濃淡）して表現した図である。

図 2.14 は 1998 年の北京国家大劇院のコンペ案（設計：磯崎新アトリエ）での大屋根の検討図である。スプライン曲面で構成される大屋根の下には、オペラハウス、劇場、コンサートホール、多目的ホールなどが収められる。デザイン的には、屋根の下に収められる諸機能に応じて大屋根各部の高さを決めることがスタディの中心であった。制御点の平面的な位置や高さを調整することにより、最適な空間を内包するような曲面の形を求めることが模索された。構造的には、曲面各部における、鉛直荷重に対する応力（ストレス）の分布が計算された。ドームを思い描けば理解しやすいが、膨らんだドームの頂上では応力は小さく、肩の位置で応力が大きい。同じように複雑な曲面であっても、山の部分は応力が小さく、谷の部分に大きな応力がかかる。その応力の分布状態をまず知り、その上で、応力の大きい部分に適切な補強方法を考える、というのが構造設計の出発点だった。

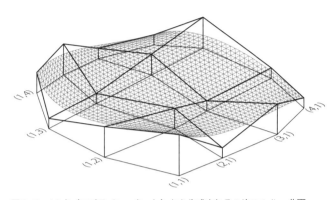

図 2.12　16 点（スプライン・ネット）から生成される 3 次 B-Spline 曲面

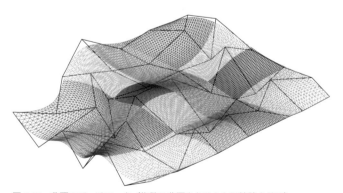

図 2.13　曲面のパッチワーク（複数の曲面をなめらかに接続させる）

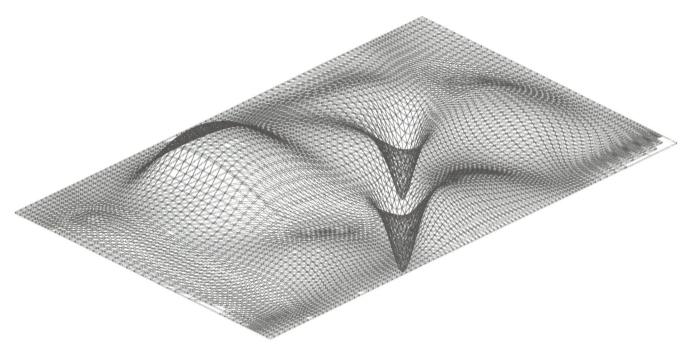

図 2.14　北京国家大劇院のコンペ案、大屋根のスタディ（図版提供：磯崎新アトリエ）

6.「分割する」ことと「つなげる」こと

　ここまで建築の設計で使われることの多い作図法について、「分割する」「つなげる」という視点から解説してきた。その中でも、製図板の上で定規とコンパスで作図できることは限られている。それらは直接的には2次元の紙の上で直線と円を操作することであり、3次元の立体そのものを操作するためには模型やコンピュータの力を借りることになる。しかし、ここで例として挙げた直線と円にかかわる作図法は、より高次の立体や曲面を扱うための基礎である。実際の建築の平面図や断面図を見てみよう。図面とは思考の道具であると同時に、意思伝達の手段である。図面に描かれた個々の図形に込められた柱とか壁とか材質とか、あらゆる属性をはぎ取って見てみれば、大半の図形は直線と円であることに気が付く。それ以外の情報は文字や寸法である。つまり、情報伝達の手段としての図面は、依然として、直線と円に多くを依存していることがわかる。

　「分割する」という行為を直線から平面、立体へと拡張してゆけば、おのずと建築するという行為に近接してゆく。同じように「つなげる」「連続させる」という行為も、分割とは正反対のオペレーションであるが、建築する行為に深くかかわっている。このことはヨーロッパの建築の歴史における、古典主義建築とゴシック建築の作られ方の違いがわかれば、理解しやすい。パルテノン神殿を規範とする古典主義建築は、まず全体の形を規定する。その上で全体を細分化してゆくことで各部のディテールが形作られてゆく。そのことをオーダー（順番、秩序）と言う。そこでは全体と部分の比率、つまりプロポーションが重視される。これに対し、ゴシック建築は尖頭アーチという単一のデザイン・モチーフを拡大・縮小しながら積み上げてゆく。そうして、塔の全体形が形作られる。部分から出発して、その寄せ集めが全体ということになる。全体は、ある意味で、成り行きまかせのところが感じられる。

　古典主義建築は「分割する」オペレーションに関わり、ゴシック建築は「連続させる」オペレーションに関係する。ヨーロッパの建築の歴史は、この相反する2つのオペレーションが繰り返し勃興する歴史として理解することができる。そして、直線の分割と円と直線のなめらかな接続とが、その2つのオペレーションの基礎になっている。

第3章

建築は箱である

始原の小屋（左）／始原のドーム（右）

建築は3次元の立体として構想しなければならない。
そのために、まず単純な直方体の箱を作ってみよう。
できあがった箱を水平に切断すれば、
その断面は建築の平面図であるし、
鉛直面で切断すれば、その断面が断面図である。

1. 模型制作用図面

写真 3.1 や写真 3.2 に示されるような単純な箱（直方体）の模型を作ろう。作成する直方体は、外形 48mm × 103mm × 63mm の寸法である。箱の表面には、複数の穴があいている。これは建築物の外壁にあけられた開口部を模したものである。後段の節でアドルフ・ロースの住宅作品について概観する。この単純な直方体の模型は、アドルフ・ロースの住宅模型をさらに単純化したものである。

図 3.1 と図 3.2 は、模型制作用の立面図 4 面および平面図（屋根伏図）である。

1 つの直方体は 6 つの面で構成されることを思い出そう。それぞれの面は長方形である。この 6 つの長方形を紙の上に描いて、それらを切り抜いて貼り合わせれば、1 つの直方体を作ることができる。模型製作用の図面には本来、上面、底面、側面 4 面、計 6 つの面が描かれるべきである。しかし、上面と底面は同じ寸法であるので、この図では底面の長方形を省略している。まだ平面図や立面図という言葉についてきちんと説明していないが、便宜上、側面を立面図、上面を平面図と呼んでおこう。それぞれの面には様々な大きさの穴があけられる。実際の建築ではそれらは窓であり出入口であるわけだが、それらの穴を一括して開口部と呼んでおこう。これから作るのは、多数の穴のあいた直方体である。

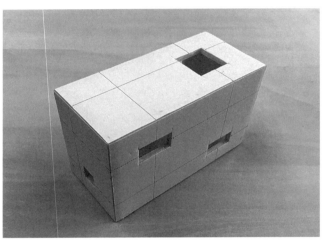

写真 3.1　直方体の模型

写真 3.2　直方体の模型、上面の板を外して内部を覗く（2 階の床が一部張り出している）

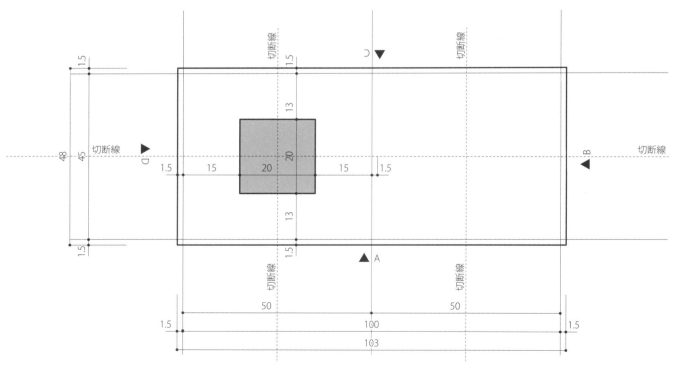

図 3.1　模型制作用の平面図（屋根伏図）

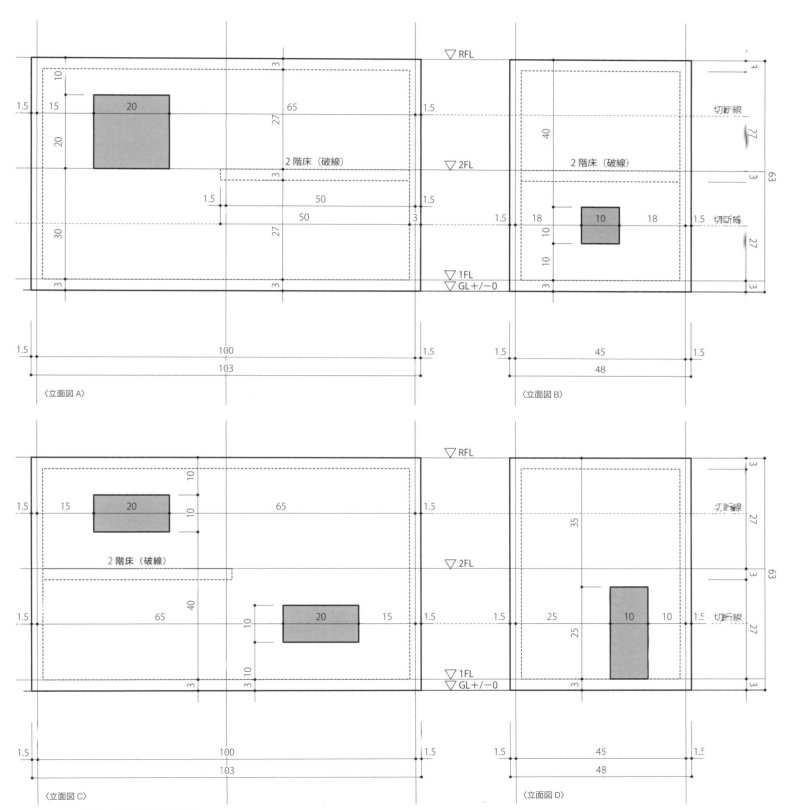

図 3.2 模型制作用の立面図

この模型制作用図面では、側面と上面を、立体（直方体）の外側から見たときの輪郭と開口部が描かれている。立体の内側から外に向かって見たときの面が描かれているのではないことに注意しよう。あくまで立体全体を外側から見たときの、それぞれの面を描いたものである。後に例示するアドルフ・ロースの図面に倣って、開口部は塗りつぶし、箱の内部の輪郭を破線で表現してある。内部の空間の途中に、一部、床の張り出しがあることに注意しよう。また、壁だけでなく、屋根面にも開口部があることに注意しよう。

この模型は3mm厚のスチレンボードを使って作ることを想定している。カッター、カッターマットのほか30cm程度の金尺とスコヤ（直角定規）があると便利である（**写真3.3**）。

この模型制作用図面では、厚さ3mmの壁の中心に基準線が描かれている。実在するあらゆる部材には厚さがあり、この模型でも壁は3mmの厚さがある。これに対して基準線は思考のための仮想的な直線であり、厚さをもたない。直方体は外寸を押さえて記述するほうが自然に思えるが、後に建築の平面図、断面図などを描くことを考えて、壁の中心線を押さえた記述にしている。そのため、基準線の平面寸法は短辺45mm、長辺100mmであるが、外形寸法は48mm×103mmになる。基準線から壁面の外面までのオフセットは1.5mmである。高さ方向に関しては、直方体の6面がスチレンボードで覆われるので、台紙（地面）の上に置いたとき、台紙から3mm高い位置が箱の内側の面となる。台紙から3mm高いレベルを、便宜上、1FL（1階の床高）と呼んでおこう。同様に中間の床の上面は2FL（2階の床高）としよう。FLとはフロア・レベルを意味する。ちなみに直方体を置く床（地面）のレベルをGL（グラウンド・レベル）という。平面では壁の中心線で寸法が押さえられるのに対し、高さ方向は床の上面の高さ（床高）で寸法が押さえられる。屋根を構成する床の上面はRFL（ルーフ床レベル）という。実際の建物であれば、屋根面は雨水を排出するために水平ではなく水勾配がとられるし、外周の壁の上部にはパラペットと呼ばれる小壁が取り付いたりする。しかし、この模型では純粋な直方体の箱であることを強調するために、パラペットのような2次的な部材は省略する。

2. 模型制作

1 図面の寸法に基づいて3mm厚のスチレンボードから壁面4面、1階床、2階床、屋根面（それぞれ長方形）の部材を切り出す。**写真3.4**は2枚の壁を直角で接続させる場合の、スチレンボードの処理方法を示している。2枚の壁の片方の壁の端部を、カッターを使って、相手の壁の厚さ（この場合は3mm幅）でスチレンを欠きとる。そのとき、スチレンボードの表面の紙の部分は残す。このようなコーナーの処理方法を使うと、それぞれの面材は外寸で切り出せばよいということになる。例えば短辺方向の壁は48mm×63mm、長辺方向の壁は103mm×63mm、屋根面は48mm×103mmである。

2 切り出した部材（各面）にスコヤ（直角定規）とシャープペンシルを使って、開口部を細い線でトレースする。模型制作用の立面図は、できあがる立体を外側から見たときの図であることに注意する。

3 それぞれの部材の開口部をカッターで切り抜く。

4 スチ糊を使ってコーナーを接着すれば、直方体の模型が完成する。

写真3.3　スチレンボードの切り出しに、スコヤ（直角定規）を使う

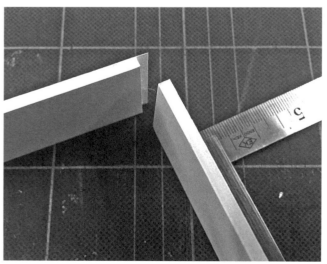

写真3.4　スチレンボードのコーナー処理

3. アドルフ・ロースのラウムプラン

建築の歴史において、建築は3次元の立体として構想すべきと明確に主張したのは誰であろうか。デザインの主要な関心が平面や立面という面にあった時代にあって、立体そのものを設計の中心に据えたのがアドルフ・ロースである。彼は1908年に「装飾は罪悪である」と宣言した。背景には、様々な建築様式で飾りたてられた世紀末ウイーンの都市風景があった。そんな風潮の中にあってロースは、装飾は建築にとって本質的なテーマたり得ないと主張した。第一義的に重要なのは立体であった。

写真3.5は彼の代表作であるミュラー邸（1930年）の模型写真である。ロースの他の住宅作品を見ても、多くが単純な直方体の箱である。箱には多数の窓があけられている。模型は箱と開口部に還元されて表現されている。平滑な壁面と、それらの壁面にあけられた多数の開口部以外には、建築的な要素が存在しないかのようである。煙突と思われる柱状の直方体が唯一の付加的な要素である。もちろん装飾はない。

図3.3は、もうひとつの代表作ルーファー邸（1922年）の立面図である。屋上テラスが一部、欠き込まれているが、基本的にはこの住宅も直方体の箱である。各立面は、長方形の輪郭の他には、窓や出入口が黒く塗りつぶされて表現されているのみである。さらに、それぞれの面の内側の、室内の輪郭が破線で表現されている。箱の内部では、スキップした床や階段でそれぞれの部屋が連結され、迷路のように空間が連続してゆく。直方体の箱の中は、立体的なワンルーム空間とも呼べるような構成である。ロースはこのような構成をラウムプランと呼んでいる。ラウムとはドイツ語で空間という意味である。だから、ラウムプランとは空間計画である。

ここでは、アドルフ・ロースのミュラー邸やルーファー邸の模型を、そのまま例題として作ってもよかったが、より単純な直方体に、少数の穴のあいた模型として作り直してみた。

4. 平面図・断面図の作図

模型が完成したら、制作した模型を基にして平面図・断面図を描こう。いままで、地面（台紙）に置かれた立体（直方体）を上から見下ろした図が平面図だと説明してきたが、建築の平面図とは正確には以下のような図である。

1. 立体をある高さで水平に切断する。
2. 切断した立体は上下2つの立体に分かれるが、上部の立体は取り除く。
3. 無限遠の高さから残った立体を見下ろす。そこには、水平に切断したときの断面と、その高さより下にある面や線が見えてくる。

同様に、建築の断面図とは、

1. 立体をある鉛直面（地面にたいする鉛直面）で切断する。
2. 切断した立体は前後2つの立体に分かれるが、手前に位置する立体は取り除く。
3. 無限遠の地点から残った立体を水平に見る。そこには鉛直面で切断したときの断面と、その鉛直面より向こう側に面や線が見えてくる。

平面図を描く場合を例にしよう。模型制作用の図面には破線で切断面と記した線が引かれている。立面図4面には1階および2階の中央部分に切断線が引かれている。平面図（上面図）には中央に1本切断線が引かれている。

平面図を描くとき、直方体を1階の床から一定の高さ、この場合は床から15mmの高さの水平面で切断し、それを真上から見

写真3.5　ミュラー邸、模型写真　（出典：Burkhardt Rukschcio, "*ADOLF LOOS*"）

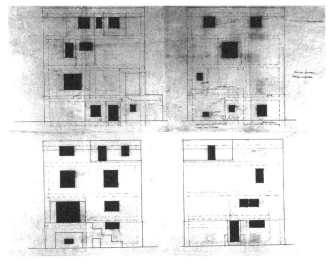

図3.3　ルーファー邸、立面図　（出典：Burkhardt Rukschcio, "*ADOLF LOOS*"）

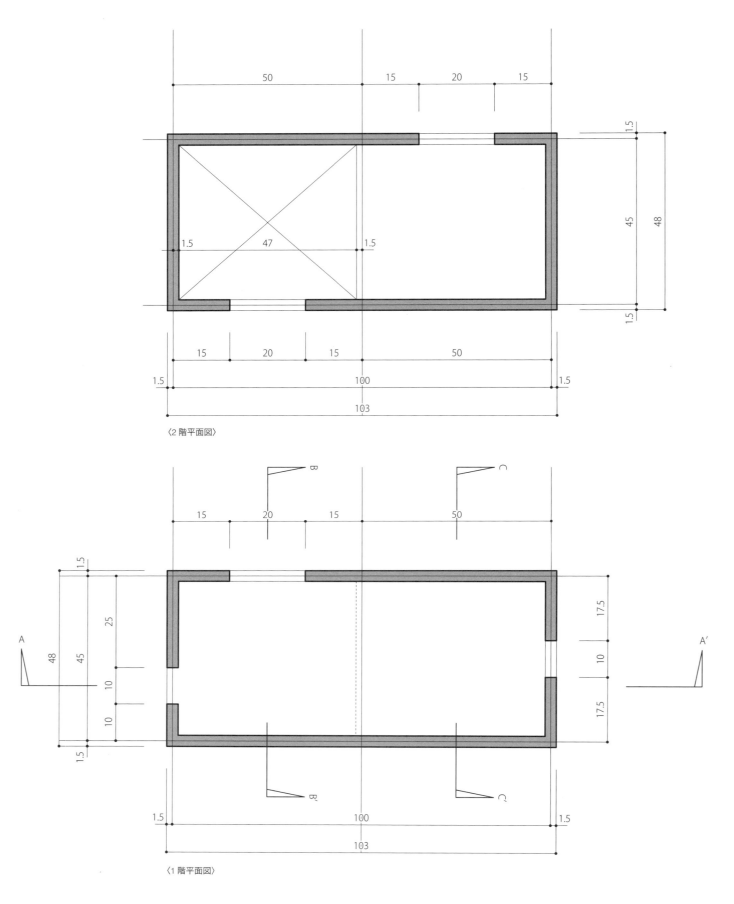

図 3.4　平面図

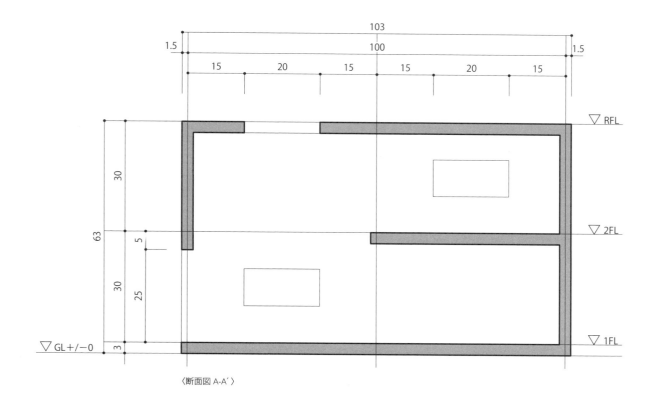

〈断面図 A-A'〉

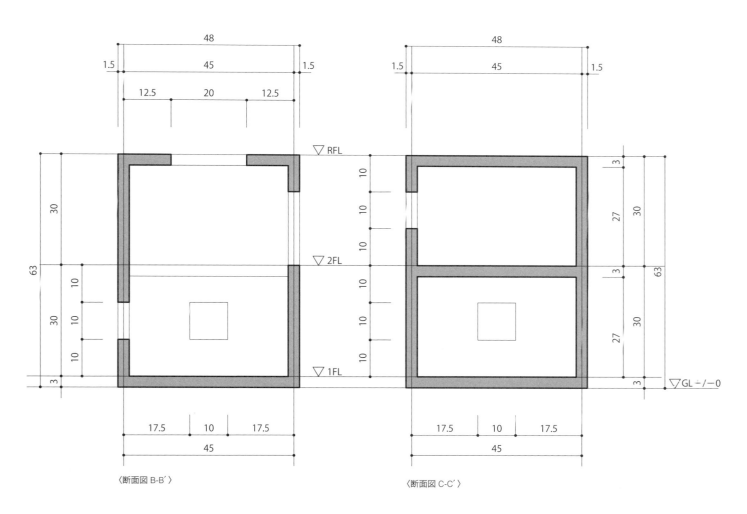

〈断面図 B-B'〉   〈断面図 C-C'〉

図 3.5　長辺方向断面図、短辺方向断面図

見下ろす（正確には無限遠の高さから）。壁の切断面はソリッドな面となるが、開口部の切断部分は空白となる。そして、開口部の切断面より下の部分の輪郭（窓台）が見えるであろう。さらに、その下の床面が見える。これらの切断面の奥に見えるものを「見え掛かり」という。このように、建物を水平面で切断し、それを真上から見て、断面と見え掛かりを描いた図が「平面図」である。2階床面から一定の高さの水平面で切断し、真上から見て、断面線と見え掛かりを描いたものが2階平面図である。

アドルフ・ロースの模型が物語っているのは、建築とは箱であり、面であり、開口部（窓）であるということである。面と開口部の関係は、建築において第一義的に重要である。したがって、直方体の切断面の高さは、開口部を切断することのできる高さに設定される。

同様に、直方体を鉛直面で切断することを考えよう。鉛直面で切断し、水平な視線で対象を見たとき、壁や床や開口部の断面が現れる。その断面と視線の先の見え掛かりを描いたものが「断面図」である。

ここまでの説明を参考にしながら、1階平面図、2階平面図、短辺方向断面図、長辺方向断面図を描いてみよう（**図 3.4、3.5**）。

1. まず、平面図と断面図の基準線を細い線で描く。平面図では壁の中心線（壁芯）、断面図では地面のレベル（GL）、1階床高（1FL）、2階床高（2FL）、屋根上面のレベル（RFL）を表す線を描く。
2. 次に壁や床の断面線を強い線で描く。
3. 開口部その他の見え掛かりを細い線で描く。
4. 文字・寸法を記載する。平面図には断面図での切断位置を記載する。

断面線は太く描いて強調するだけでなく、壁や床の断面の内部をマーカーで着色してもよい。

ここで、建築でよく使われる「プラン」や「セクション」という言葉について補足しておこう。平面図のことを英語ではプランという。正確にはフロア・プランである。直訳すれば、計画ないし床計画であろう。セクションは日本語でも断面であるから同じである。立面図は「エレベーション」と言う。エレベートとは立ち上げるという意味である。だから、立ち上がり、といったニュアンスである。立面は「ファサード」とも言われるが、それはフランス語に由来する。英語ではフェイス、顔あるいは面という意味である。日本語の平面図・立面図は英語では計画・立ち上がり（ないし顔）である。

また、いままで立体を上部から見下ろした図（上面図）も便宜上、平面図と呼んできたが、建築では屋根伏図と呼ぶのが正しい。平面図とは立体（建物）の水平断面図であり、断面図とは鉛直断面図である。これらの断面図にたいして、立体を外から見た図が立面図と屋根伏図である。

では、なぜ建築の平面図は（水平）断面図であり上面図ではないのだろうか。それは建築で扱う立体が中身の詰まったソリッドな立体ではないからである。内部に空間を宿した立体こそが建築なのである。立体と空間の関係については、次章で位相という概念を使って解説する。ここでは内部空間の必然性ゆえに、平面図と呼ばれているものは（水平）断面図であるのだと理解しておこう。

5. ローマの教訓とプラトン立体

ル・コルビュジエの「建築をめざして」は1920〜21年にかけて執筆された10あまりのエッセイ集である。そのなかの「ローマの教訓」について見てみよう。

ル・コルビュジエは都市としてのローマに概して批判的である。古代ローマからビザンチン、ルネサンスを経て現代にいたるローマには、あらゆるものが詰め込まれていて醜悪だと評している。「ローマは何でも売っているバザーだ」と述べている。良いものも悪いものも、無秩序に堆積され密集している姿に、そう感じたのであろう。現代の大都市で往々にして感じられる雑多で無秩序な印象を感じ取ったのであろう。ル・コルビュジエにとって無秩序は悪である。(都市)計画とは秩序を生み出す行為であって、経済学でいうレッセフェール(自由放任主義)は悪なのである。

ル・コルビュジエは、火山の噴火で地中に埋没した都市ポンペイの都市構造をローマと比較している。発掘によれば、ポンペイはかなり整然とした直線状の街区をもっていたようだ。ローマ人はギリシャから建築の様式を学んだ。とりわけ愛好されたのはアーカンサスの飾りのついたコリント式の柱であった。ル・コルビュジエが最大限に評価するアクロポリスのパルテノン神殿の単純で力強いドリス式の円柱は、ローマでは好まれなかった。アドルフ・ロースと同様に、ル・コルビュジエにとって装飾は罪悪であった。ル・コルビュジエは、大理石の装飾をはぎ取ってしまえ、と言っている。そうすれば、あとには純粋に幾何学的な形態のみが残るからである。

このようなローマにあって、コルビュジエが積極的に価値を見出しているのが球や立方体、ピラミッドといった純粋幾何学に基づいた建造物である。**図3.6**はル・コルビュジエが描いた挿絵である。ローマは様々なプラトン立体(純粋立体)のコラージュなのだと主張しているようである。ローマ建築といえば、コンクリート(セメント)の発明によるアーチやドームが名高い。アーチやドームは円や球を基礎にしている。それらの多くは浴場などの世俗的な建築である。ローマ建築とは、これらのアーチやドームに、ギリシャから輸入した神殿建築の様式が融合したものとして理解できる。純粋な幾何学形状に準拠して、キューポラ(円天井)、ヴォールト(アーチを水平に押し出した形状)、シリンダー(円筒)、角柱(直方体と立方体)、ピラミッド(四角錐)などが作られる。それを可能にしたのはセメントの発明である。具体的な建造物として、パンテオン、コロセウム、水道橋、セスティウスのピラミッド、コンスタンチンの凱旋門、カラカラの浴場が例示されている。

ルネサンス期のローマについては、ミケランジェロによる集中形式のサン・ピエトロ寺院だけが評価されている(ブラマンテによる集中形式のプランが基になっている)。後代の長方形のバシリカ形式への改変やベルニーニ設計の楕円形の広場は、サン・ピエトロ寺院を台無しにしてしまったと非難している。幾何学的な純粋さが損なわれたからである。

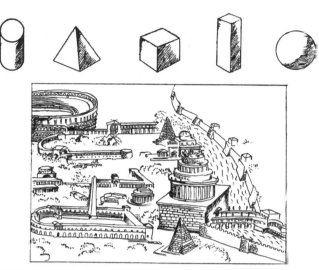

図3.6　ル・コルビュジエ「ローマの教訓」1920〜21年
(出典:Le Corbusier, *"Towards A New Architecture"*)

6. パンテオンとシェル（殻）

図3.7はパンテオンの平面図および断面図である。この図のように、建築の製図では、下に平面図を描いて、その真上に断面図をセットにして描くことが多い。こうして描けば、建物や空間の外形、柱などの平面図での位置関係を、垂直な補助線を引くことで、そのまま断面図に投影できる。逆に、この平面図にはドームの天井の四角いパターンが破線で示されている。これは断面図でその位置を作図したものを平面図に投影することで描かれる。平面図も断面図も、ある立体の、代表的ではあるが、一部分の断面を示しているにすぎない。平面図と断面図の不断のフィードバックを通して、立体としての整合性がとれてゆく。

パンテオンのドームの内側の空間は、直径43mの球がすっぽり収まる大きさである。ドームの中央直下に立てば、その天井は43mの高さがあることになる。肩の高さは21.5mあることになる。ドームの頂部には円形の穴があいていて、太陽の光が内部にさし込む。その荘厳さは息をのむほどである（**写真3.6**）。半円形の巨大なドームの下部は円筒状の壁であるが、壁の厚さは6mにも及ぶ。パンテオンは紀元118年から128年にかけて皇帝ハドリアヌスにより建造された。ローマは、後に一神教であるキリスト教に改宗されることになるが、当時は多神教であり、パンテオンはすべての神々に捧げられた神殿である。前面には広場に面してギリシャ神殿風のポーチが付加される。コリント式の列柱である。

地面から分厚い壁を積み上げて、それがそのまま途中から内側にすぼんでドームを形成し、屋根となる。この作り方は箱というよりはシェル（殻）あるいはシェルター（覆い）としての建物の作り方を感じさせる。ギリシャ神殿は柱・梁の上部に三角形状の屋根を掛けた形式だ。基本となるボリュームは直方体である。アドルフ・ロースは直方体の箱の中を立体的に分割し、階段で連結して空間の流れを作り出す。パンテオンは、その形状ゆえ、箱と呼び難い。それなら、容器（コンテナ）と呼べばよいかもしれない。直方体の箱も円形の容れ物も、内側に空間があってそれを包む外皮であることには変わりはない。建物の作り方としては、箱の場合は柱と梁のフレームが基本となるし、そのフレームにどのように屋根を掛けるかが設計上の課題になるだろう。それに対して、シェルとしての容器を作る場合は、壁とドームが主体となる。柱＋梁＋小屋組み、それに対して、壁＋ドーム。この2つの手法を組み合わせることで様々なデザインが生まれる。しかし、いずれの場合にも容器が作られることにおいて変わりはない。その意味で「建築は箱である」と言っても言い過ぎではないだろう。

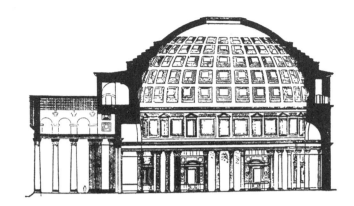
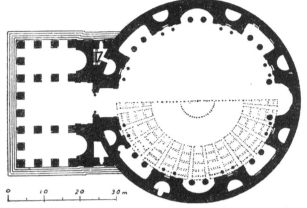

図3.7 ローマのパンテオン、断面図（上）と平面図（下）、118～238年
（出典：日本建築学会編『西洋建築史図集 三訂版』）

写真3.6 パンテオンの頂部を見上げる（出典：Attila Terbócs, *"Pantheon"* CC BY-SA 3.0）

前章で、細長い楕円形を底面にして設計された、なら100年会館の例を挙げた。**図3.8**はそのシェルの全体形を示す外観透視図である。パンテオンのドームが現代建築に翻案されたデザインである。設計競技では、東大寺の大屋根に匹敵するような、現代の大屋根を作ることがテーマとされた。シェルの傑作であるヨーン・ウッツォン設計のシドニー・オペラハウスが参照されている（**写真3.7**）。これらは明らかにパンテオンの系譜に連なるデザインである。

写真3.7　シドニー・オペラハウス（設計：ヨーン・ウッツォン）

図3.8　なら100年会館、コンペ案、外観透視図（図版提供：磯崎新アトリエ）

第4章

全体を俯瞰する

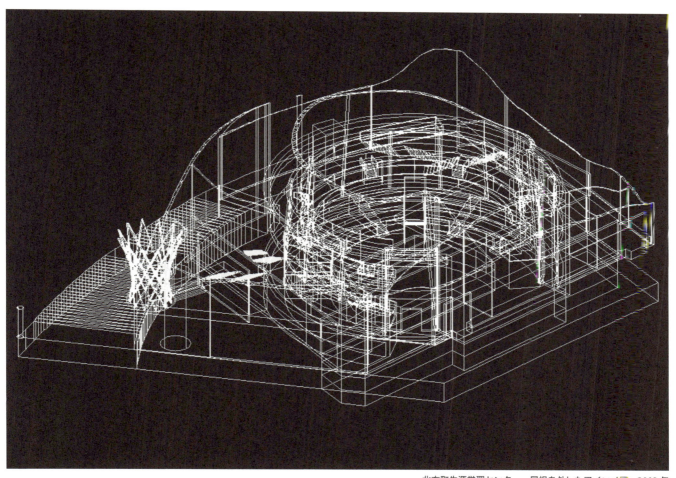

北方町生涯学習センター、屋根を外したアイソメ図、2003年
(図版提供：磯崎新アトリエ)

平面図や断面図は、ある立体の一部を切り取って表現したものだ。
立体全体を把握するには、立体を正面や真上からだけではなく、
様々な角度から見なければならない。
直方体のブロックを例に、軸測投象図や斜投象図の描き方を学ぼう。

1. 平面図と立面図

　図 4.1 は、底面が 60mm × 100mm、高さ 45mm の直方体の平面図（上面図）、立面図（2面、正面図および側面図）である。**写真** 4.1 は、その直方体の写真である。直方体は平面図に描かれた位置で、地面の上に置かれていると考えよう。それを無限遠の真上から見下ろしていると考えよう。つまり、上面の長方形 EFGH が手前に見えている。底面 ABCD は隠れているが、点 A は点 E と同じ位置になる。同様に、点 B と点 F、点 C と点 G、点 D と点 H が地面の上では同じ位置である。上下の頂点が重なって見えるのは、無限遠の地点から直方体を眺めているからである。これを平行透視という（**図** 4.2）。

　ここで、無限遠の視点から発せられた視線（光）は空中の点 E を通過し、地面上（画面上）の点 A に到達すると考えることができる。これを、空中の点 E が画面上の点 A に投影されるという。視点から見て、画面（投影面、この場合は地面）は常に物体（オブジェクト・対象）の奥にある。視点、物体、画面の位置関係は、視点➡物体➡画面の順である。この視点、物体、画面の関係で描く図法を第1角法という。それに対し、視点➡画面➡物体という位置関係で描く方法を第3角法という。また、後述する透視画法でも視点と物体の間に画面を設定する。

　つぎに、立面図はどのように考えるのであろうか。まず、図で GL と書いた直線の上に地面に垂直に画面が立ち上がっていると考える。そして、立体を平面図で無限遠の下方から見て、画面に投影された姿が立面図となる。図では視線の向きを▲ A と示し、投影された立面図を立面図 A（正面図）と記している。立面図は GL の位置で地面に垂直に立ち上がった画面に投影されるのであるが、それを直線 GL を回転軸にして 90°回転し、1枚の紙に平面図（上面図）と正面図をまとめて描く。視点、物体、画面の関係は、ここでも視点➡物体➡画面という位置関係が保たれる。この図法では、立面図（正面図）に見えている面は長方形 ABFE になる。長方形 CDHG は隠れている。

　もうひとつの立面（側面）は図で左側の無限遠の視点から物体を見た投影図を描くことになる。図では視線の向きを▲ B と記している。側面図は投影図を 90°回転し、正面図と GL を共通すれば、立体の高さの関係が理解しやすくなる。

写真 4.1　底面 60mm × 100mm、高さ 45mm の直方体

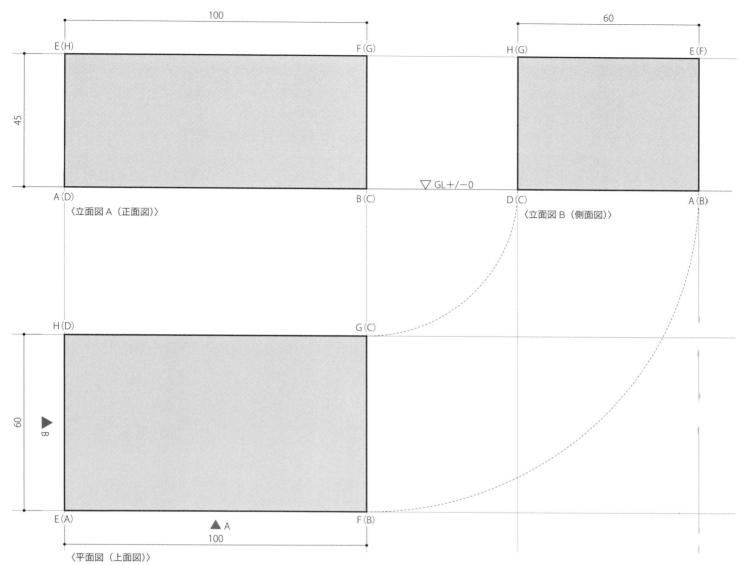

図 4.1 直方体の平面図（上面図）と立面図（側面図）2 面

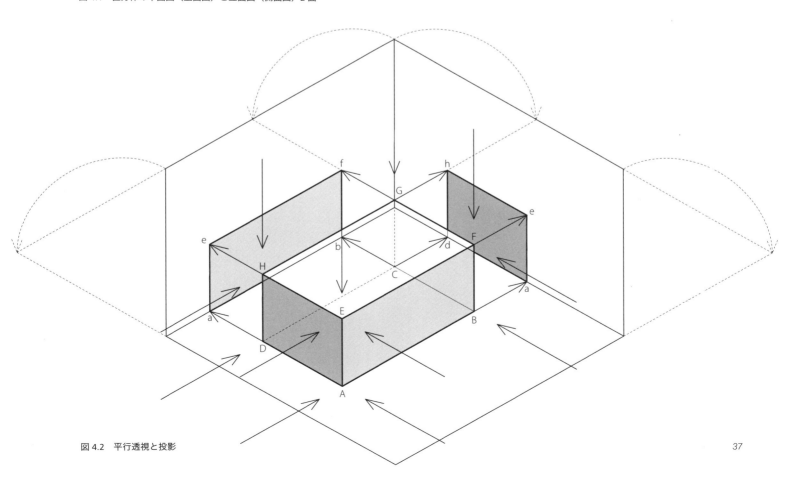

図 4.2 平行透視と投影

2. 等測軸測投象図（アイソメトリック図）を描く

平面図や立面図は、直方体の各面を、無限遠点から立体の各面に対し垂直な視線で見たものだが、斜め上から見たときの作図法を示そう。対象はいままでと同じく、底面 60mm × 100mm、高さ 45mm の直方体を例とする（**図 4.3**）。

1. まず、正三角形 PQR を描く。実は正三角形ではなく、任意の三角形を用いることができる。その場合は等測軸測投象図ではなく一般の軸測投象図になる。ここでは、等測軸測投象図を描くことにする。この図では 1 辺 200mm の正三角形を描いている。
2. 頂点 P、Q、R から対辺に向かって垂線を引く。
3. 線分 PR、線分 QR を直径とする半円を描く。そして、頂点 P、Q、R からの垂線を円周上まで延長し、その交点を O′ とする。半円は 2 つあるので O′ は 2 つある。
4. O′ と初めの正三角形の頂点 P、R を結ぶ。同様に、もうひとつの O′ と Q、R を結ぶ。
5. 次に、直角二等辺三角形 O′PR と O′QR の内側に求める直方体の側面（長方形）を描く。辺の長さが、45mm、60mm、100mm であることを利用する。2 つの長方形 O′A′D′E′ と O′C′B′A′ が描かれる。
6. 次に 2 つの長方形の各頂点から、それぞれ、O′Q、O′P に平行な直線を引く。それらの直線の交点を結べば、直方体の等測軸測投象図（アイソメトリック図）が得られる。

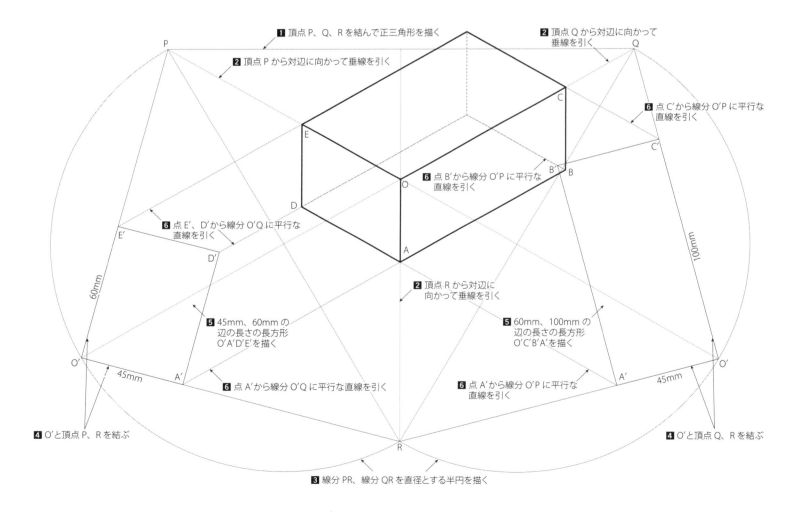

図 4.3　等測軸測投象図（アイソメトリック図）

3. 等測図（アイソメトリック図）の簡便な描き方

前節で説明した手順は等測軸測投象図だけでなく、正三角形ではなく不等辺三角形を用いれば、一般の軸測投象図を描くことのできる方法である。しかし、手順は煩雑である。等測図を簡便に描くためには、直方体の角の3本の稜線が120°の角度で交わることを利用する（**図 4.4**）。

1. まず点Oから120°で交わる3本の補助線を描く。3本のうちの1本は垂直な直線とする。
2. 直方体の底面の長方形を辺の長さの実長で描く。この場合は 60mm と 100mm である。
3. 次に、この長方形の各頂点から垂直に 45mm の高さの補助線を立ち上げる。45mm の高さの頂点を結んで、上面の長方形を描く。見えている稜線は強い実線でトレースし、隠れた稜線は破線でトレースする。この手順で直方体の等測軸測投象図（アイソメトリック図）が描かれる。

4. 斜投象図（アクソノメトリック図）

等測図では直方体の長方形のそれぞれの面は 120°と 60°の角度をもった平行四辺形として描かれる。それに対して、斜投象図（アクソノメトリック図）では、底面と上面は角が 90°の長方形で描かれる。つまり、平面図で描かれた長方形が、そのままの形で描かれる。平面図は通常、水平軸に関して 30°ないし 45°などの角度で回転して置かれる。極端な場合は、平面区を回転しない状態で描くこともある。立面は鉛直方向に立ち上げられるが、45°と 135°の組み合わせ、ないし 30°と 150°の組み合わせの角度をもった平行四辺形となる。

高さ方向の寸法は、多少縮小して描いた方が見た目に近くなるといわれている。例えば 45mm の高さを 80%に縮小して 36mm で描くなどである。しかし、通常は容易に描けることを重視して、直方体の高さは原寸のままで、この場合は 45mm で描く。

斜投象図は等測図よりも歪んで見えるが、平面図がそのまま

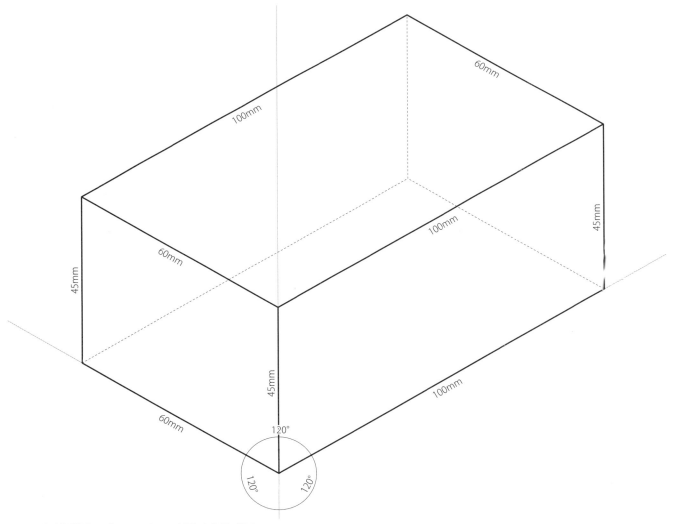

図 4.4　等測軸測投象図（アイソメトリック図）を簡便に描く

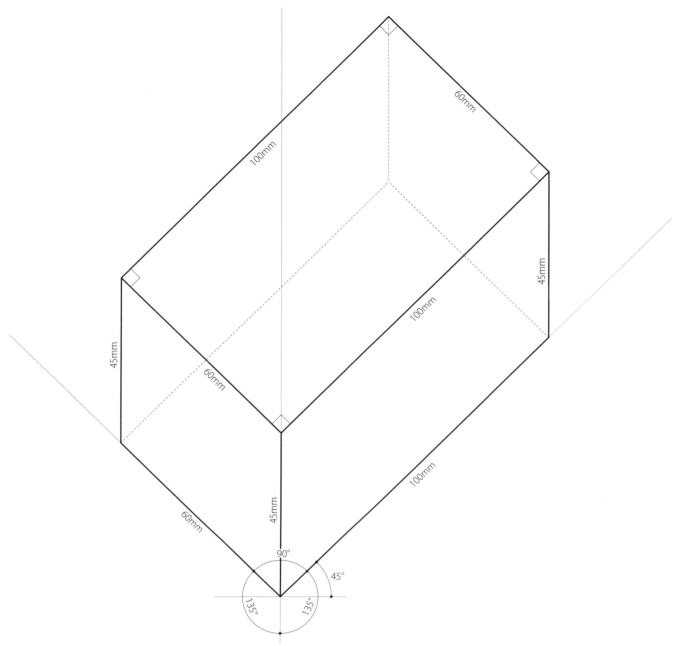

図 4.5　斜投象図（アクソノメトリック図）を簡便に描く（1）

の形と寸法で表現される利点がある。作図も容易であり、かつ、立体の全体像を把握することができるので、建築の設計において多用される。

作図の手順は前節のアイソメトリック図と同様である（**図 4.5、4.6**）。120°で交わる3本の補助線を描く代わりに、45°と135°の組み合わせ、ないし30°と150°の組み合わせの角度をもった補助線を引けばよい。次章で例として取り上げる複数の直方体からなる立体のアクソノメトリック図を描くような場合は、初めに細い線で、それぞれの直方体の底面を描いておくと間違いが少ない。それは、立体全体の平面図をあらかじめ、30°ないし45°回転して描いておくということに等しい。

現在では、コンピュータでオブジェクト（立体）をモデリングすれば、あらゆる角度から見ることができるので、製図板の上でアクソノメトリック図を描くことの重要性は減ってきている。むしろ、設計段階のエスキスでは、手書きでアクソノメトリック的なスケッチを描いて、常に全体像をイメージしながら平面図や断面図を描く習慣を身につけることが重要である。それは平面図や断面図があくまで部分を切り取ったものであり、建物の全体像をイメージしたり、ディテールの3次元的な納まりを検討する場合にアクソノメトリック図がきわめて有用であるからである。

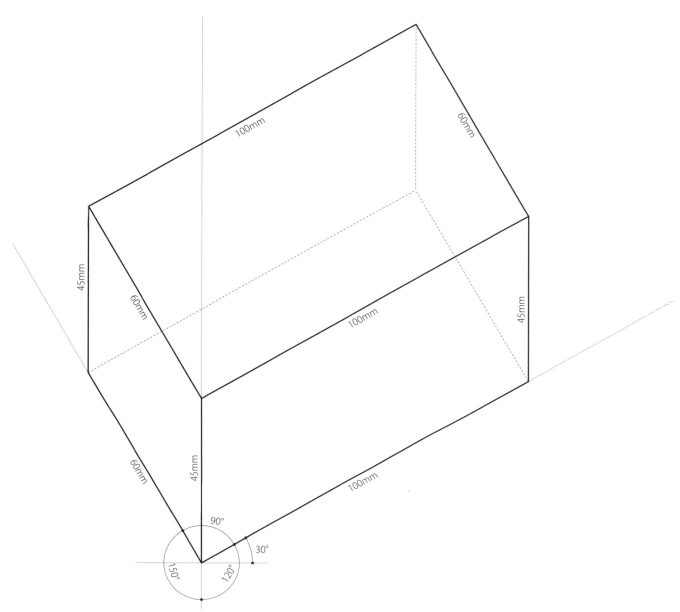

図 4.6　斜投象図（アクソノメトリック図）を簡便に描く（2）

5. デ・スティルとシュレーダー邸

アクソノメトリック図を空間表現の手段として活用したのが、20世紀初頭のオランダにおけるデ・スティルである。デ・スティルとは英語ではザ・スタイル、つまり様式という意味になる。テオ・ファン・ドゥースブルクをリーダーにして画家のモンドリアンや建築家のリートフェルトたちが参加した芸術運動のことである。

図4.7はドゥースブルクが1923年に、建築家のファン・エーステレンと共同で提案した個人住宅のアクソノメトリック図である。建築の構成要素が、水平・垂直の床と壁のコンポジションに還元されている。

それ以前は、建築のプレゼンテーションは主に透視図（パースペクティヴ）を使って行われてきた。映画「ルートヴィッヒ」の中では、建築家が油絵で描かれた透視図を使って城のデザインを王に説明する場面が描かれている。透視図は遠近法とも言われ、人の目で見たとおりに立体を描く画法である。近くのものは大きく、遠い物体は小さく描かれる。カメラで立体の写真を撮ることと同じである。建築の設計をするということは、まだ実体が完成していないことを意味している。平面図や断面図は無限遠点からの視線という仮想的な投影図である。透視図は、それらの図面をもとにして描き起こされる完成予想図である。その作図法はルネサンスの時代に考案された。それ以降、透視図を描くことが建築家の主要な仕事になっていた。

ところが、20世紀初頭のデ・スティルの運動は透視図ではなく、アクソノメトリック図こそが建築の本質、つまり空間を表現する手段であるとした。絵画の世界では、建築に先行して、印象派を経て抽象絵画への流れが進んでいた。透視画法を用いて具象化を極限まで推し進める流れが止められた。この流れを、ドイツ建築史家の杉本俊多氏は「図法革命」と呼んでいる。

ドゥースブルクとファン・エーステレンによる、板状（スラブ）の床と壁による抽象的な構成を実現した建物が、リートフェルトが設計したシュレーダー邸（1924年）である（**写真4.2**）。これらの図面や建築において、もとになる立体（立方体や直方体）はすでに崩れ、多数の壁や床に分解されている。杉本氏はここに、近代建築の黎明期において、すでにロマン主義の萌芽が見られると述べている。透視図からアクソノメトリック図への移行が革命であるなら、1980年代に起きたアクソノメトリック図からコンピュータを使ったCADへの移行は第2の革命であろうか。

図4.7　テオ・ファン・ドゥースブルグとファン・エーステレンのアクソノメトリック図　(出典：Theo van Doesburg, Cornelis van Eesteren, "*Contra-Construction Project (Axonometric)*")

写真4.2　シュレーダー邸

6. 正四面体の作図

平面図や立面図、アクソノメトリック図は立体を様々な角度から平行透視して、2次元の紙の上に投影したものである。ここで、視線を回転する代わりに、オブジェクト（立体）を回転する作図法を考えてみよう。例にするのは1辺70mmの正四面体である（**写真4.3**、**図4.8**）。正四面体は4枚の面がすべて正三角形で構成された立体である。ピラミッドは底面が正方形で、面の数は5枚あるので正四面体ではない。

写真4.3　スタイロフォームで作った正四面体の模型

1. まず、1辺70mmの正四面体の平面図（上面図）を描く。4つの頂点をA、B、C、Dとする。

2. 次に、立面図を描く。まず、三角形ABCから少し離れた位置に、ACに垂直な直線PQを引く。これは立面図でのGL（グラウンド・ライン）となる。頂点A、B、Cの立面図は高さ0であるから、A、B、CからGLに垂線を引けばよい。同様に、頂点DからGLに垂線を引く。その高さは、まだわからないが、適当に延長しておく。求める高さは、その延長線上のどこかにある。正四面体でBDの実長は他の稜線と同じく70mmである。だから立面図で点Bを中心にして半径70mmの円を描き、それと先ほどのDを通る垂線との交点を求めれば、立面図での頂点Dの位置が求められる。参考に、立面図での高さhを計算で求めると、$h = 70 \times \sqrt{8/3} = 57.15$mmとなり、作図の結果をスケールで測れば、正しく作図されたことが確認される。

3. この立面図は、正四面体ABCDを平面図で真下方向の無限遠点から真上に向かって見たときの図である。同時に、正四面体を底面上の直線BM（MはACの中点）を軸にして90°回転し、さらにGLまで平行移動した立体を、上面図と同じく上方の無限遠点から真下方向に見下ろした図であると解釈することもできる。

4. 次に、立面図での正四面体を直線AN（NはBDの中点）の方向で見たとき、どのように見えるだろうか。それは直線RSを軸にして正四面体を回転させたときの平面図になる。まず直線BDを引く。直線ADの長さは正四面体の稜線の長さ70mmである。この角度で正四面体を見れば、その輪郭は正方形に見えることになる。スタイロフォームで**写真4.3**のような模型を作って確かめてみよう。

1つの立体を上から見る、横から見る、斜め上から見る、という行為は、視線を固定して、その代わりに立体を回転して見ても同じ結果を生む。正四面体のようなプリミティヴな立体であっても、それがどのように見えるのか正確に把握することは、模型の力なしには、かなり難しい。

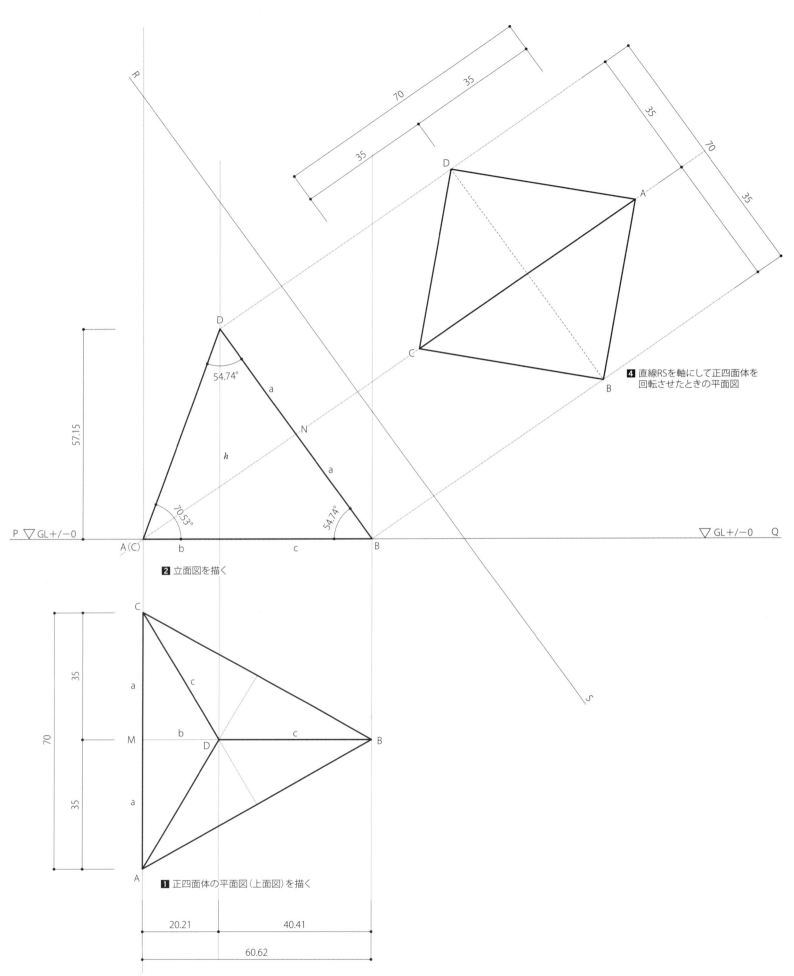

図 4.8　正四面体の回転

7. ル・コルビュジエの「建築家各位への覚書」

ル・コルビュジエの純粋立体に対する思い入れは「建築家各位への覚書」でも顕著である。立方体（cubes）、円錐（cones）、球（spheres）、円柱（cylinders）、四角錐（pyramids）は偉大な形である、と述べている。

その上で、考察は立体（mass）、面（surface）、平面（plan）の関係に及ぶ。

> 「立体と面とは建築を表明する要素である。そして、立体も面もプランによって決定される。」

（出典：ル・コルビュジエ著、吉阪隆正訳『建築をめざして』鹿島出版会、p.37）

図4.9は、立方体を例に、ル・コルビュジエが述べていることを整理したものだ。図にしてみると、理解が容易である。この文脈でル・コルビュジエがプランと言っているのは底面のことを指している。立体を外から眺めるとき、底面は隠れているから、目に映るのは面であり、面の集合体である立体である。だから、建築の表現（expression）は立体と面でなされる。しかし、立体と面はプラン＝底面によって生み出されるのだ、と。

別の箇所では次のようにも述べている。

> 「プランは原動力（generator）である」

（出典：ル・コルビュジエ著、吉阪隆正訳『建築をめざして』鹿島出版会、p.48、および Le Corbusier, *Towards A New Architecture,* The Architectural Press, London, 1927, p.44）

では、何を生み出す（generate）のであろうか。この文脈ではもちろん、面と立体を生み出すのである。そして、面と立体こそが建築の表現となるのである。

図4.10は、現代のCADにおける立方体の記述の仕方を示したものだ。それはソリッド・モデルと呼ばれる。しかし、中身の詰まった無垢の立方体という意味ではない。1つの立方体は8個の頂点、12本の稜線、6枚の面で構成される。このうち、座標として記述されるのは8個の頂点のみである。座標とは別に、それぞれの頂点、稜、面の関係性が記述される。すべての頂点、稜、面に記号がふられる。そして例えば、ある稜は、どの点とどの点を結んで得られるのか、ある面はどの稜をどの順番で結べば得られるのか、どの面をどの順番で結合してゆけば立体が得られるのか、このような関係性が記述される。

ここで、座標のことを幾何という。座標以外の情報、線や面などの関係性の記述のことを位相という。そして完全なる立体を記述するためには幾何と位相の両方の情報を持たなければならない。

これは第2章で説明したポリライン（折れ線）の例でも明らかである。立方体で、たとえ8個の点の座標が与えられたとしても、そのつなぎ方がわからなければ立方体を描くことはできない。

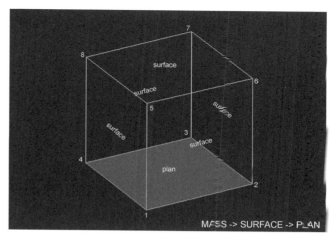

図4.9　ル・コルビュジエにおけるプラン・面・立体の関係

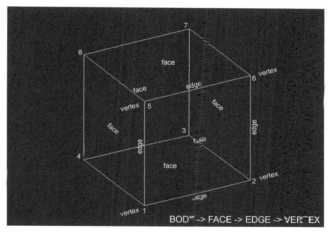

図4.10　現代のCADにおける立方体の記述

このことは、試しにCADで1つのソリッド立方体を描いて、それをDXFというテキスト・ファイルの形式でアウトプットしてみるとよい。そのファイルを解読すれば、1つの立方体は、文字として紙に印刷すれば、A4用紙1枚分くらいの行数の情報量を持っていることがわかる。それは8個の点の3次元座標と立方体を構成する位相情報からなる。そして1つの建築を記述するには数千、場合によったら数万の立方体（直方体）が必要になる。

　ル・コルビュジエは、プランは面や立体を作り出す原動力であると述べたが、ル・コルビュジエにとってプランとは何であろうか。「建築家各位への覚書」にはエジプトの神殿やヒンドゥー教の寺院の伽藍配置が挿絵として載せられている。エジプトの神殿では、1本の軸線にそってパイロンや多数の柱が整然と並んでいる。ヒンドゥー教の寺院でも直交軸上に整然と細長い四角錐の塔が配置されている（**図4.11**）。そして、ル・コルビュジエのパリ改造計画である300万人の現代都市の提案へと続いてゆく（**図4.12**）。

　プランという言葉の含意から、プランの作り方、つまり建物内部の空間の組織化について語られるのかと思いながら読み進めると、そうではないことがわかる。ル・コルビュジエにとってプラン＝計画とは秩序を作り出すことであり、プラン＝都市計画のことなのである。純粋幾何学の形態論から出発して都市計画のあるべき姿を語っているのが、「建築家各位への覚書」である。

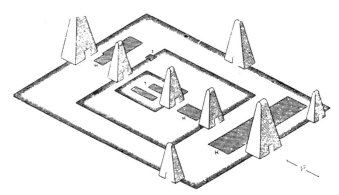

図4.11　ヒンドゥー教寺院の伽藍配置　（出典：Le Corbusier, *"Towards A New Architecture"*）

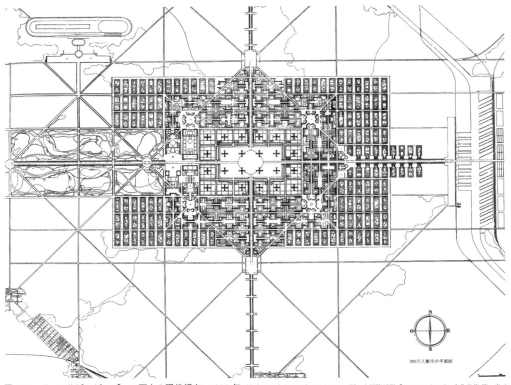

図4.12　ル・コルビュジエ「300万人の現代都市」1922年　（出典：W. ボジガー／O. ストノロフ編、吉阪隆正訳『ル・コルビュジエ全作品集 第1巻』）

第5章
複雑な立体

海市計画、インターネット島（部分）、1998年
（図版提供：磯崎新アトリエ）

3つの直方体を組み合わせてオブジェの模型を作ってみよう。
模型ができあがったら、模型をもとにして、平面図、立面図、アクソノメトリック図を描き起こそう。
輪郭を作図し終えたら、陰影を施して、奥行きを表現しよう。

1. 模型の制作

　直方体のブロックを切り出すには、模型材料としてスタイロフォームを使うのが簡便である。スタイロフォームは、本来は断熱材である。100mm厚のものが手に入れば、模型材料として使いやすい。スタイロフォーム・カッターという電熱線のついた工具を使う（**写真5.1**）。直角定規が付随しているので、立方体や直方体を切り出すことが容易である。電熱線を斜めに張れば、角錐なども制作できる。円柱などの曲面を切り出すには型紙を用意する。慣れないと曲面を製作するのは難しい。

　写真5.2は、3個の直方体を組み合わせて作ったオブジェの写真である。この例では、3つの直方体のサイズは、それぞれ40mm × 40mm × 100mm、90mm × 60mm × 50mm、40mm × 40mm × 40mmである。1つだけ立方体にしてみた。寸法やプロポーションは任意であるので、各自様々な形を考案してほしい。

　模型を作る前に、白紙にラフスケッチしながら、3つの直方体の大きさや組み合わせ方について構想を練ろう。直方体相互の接合は、コーナーを一部欠き込んで、他の直方体をはめ込んでいる。スタイロフォームが手に入りにくければ、スチレンボードを使って箱を3つ作って、組み合わせればよい。直方体の切り出しが終わり、各部分を接合したならば、地面を表現するボードを1枚準備して、オブジェをボードの上に固定しよう。建物の模型のように見えてくるが、建物であることは意識していない。地面の上に置かれた、単なるオブジェであり、機能や縮尺をもたない。模型が制作されたら、各部を三角スケールやスコヤで実測して、平面図（上面図）、立面図（正面図、側面図）、アクソノメトリック図を描き起こそう。

写真 5.1　スタイロフォーム・カッター

写真 5.2　3つの直方体を組み合わせたオブジェ、模型写真

2. マレーヴィッチのアルキテクトニキ

ここで作った模型は、ウクライナ出身の芸術家カジミール・マレーヴィッチの3次元の造形「アルキテクトニキ」(**写真5.3**)を、組み合わせる直方体の数を3つに減らし、単純化したものである。アルキテクトニキは1920年代の作品といわれる。様々な大きさの多数の直方体が積み重ねられてオブジェが構成されている。マレーヴィッチは1910年代の初頭には、ピカソのキュビスムや未来派の影響を受けた絵を描いていた。その後、1910年代半ばには、「黒の正方形」や「白の上の白」など純粋に抽象的な理念を追求した作風に傾倒してゆく。**図5.1**は1916～17年の「シュプレマティスム(絶対主義)」と命名された絵である。長方形と円を組み合わせたコンポジションである。1915年には「キュビスムからシュプレマティスムへ」というマニフェストも著している。シュプレマティスムは、同時期に建築の分野で進行していた前衛運動「ロシア構成主義」の理論的基盤となった。また、初期のザハ・ハディッドの作品にはシュプレマティスムの影響が色濃く見える。

マレーヴィッチのアルキテクトニキは、このような時代背景の中で、彼自身のシュプレマティスムを3次元オブジェクトへと拡張したものだ。ここで制作した模型は、アルキテクトニキほど複雑ではないが、大きさもプロポーションも異なる3つの直方体を組み合わせたオブジェの模型である。

3. 陰影を作図する

図5.2は、ルイス・カーンがエジプトを旅行したときに描いたスケッチである(1951年、冬)。ギゼーのピラミッドである。光と影でピラミッドが表現されている。太陽光線の向きによって、ピラミッドの各面の色の濃度が異なる。太陽の当たる面は明るく、白に近い黄であるが、裏側は暗い茶である。この裏側の黒に近い面を陰(shade)という。また、地面にはピラミッドの影(shadow)が落ちている。この陰と影を表現することで、ピラミッドに立体感が生まれている。カーンは「物質は費やされた光(spent light)だ」と述べている(出典:ルイス・カーン著、前田忠直編訳『ルイス・カーン建築論集』鹿島出版会、1992年、p.28)。光と影がなければ物質は見えない、つまり存在しないことと同義であると言っているのである。それはスケッチにも現れている。

ここでは、ピラミッドの代わりに、50mmの立方体を使って陰影を作図する練習をしてみよう。**図5.3**は陰影の作図の手順を示している。**図5.3-A**が地面に置かれた立方体、**図5.3-B**が空中に浮かんだ立方体である。いままでの例にならって、図面上のレイアウトは、下に立方体の平面図(上面図)を、上に正面図と側面図を配置してある。前章でも述べたが、これは第1

写真5.3 カジミール・マレーヴィッチ「アルキテクトニキ」1920年代
(出典:Stuart Wrede / Janet R. Wilson, "*Architectural Drawings of the Russian Avant-Garde*")

図5.1 カジミール・マレーヴィッチの「シュプレマティスム(絶対主義)」

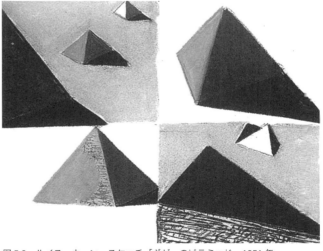

図5.2 ルイス・カーン、スケッチ「ギゼーのピラミッド」1951年
(出典:David B. Brownlee / David G. De Long, "*Louis I. Kahn, In the Realm of Architecture*")

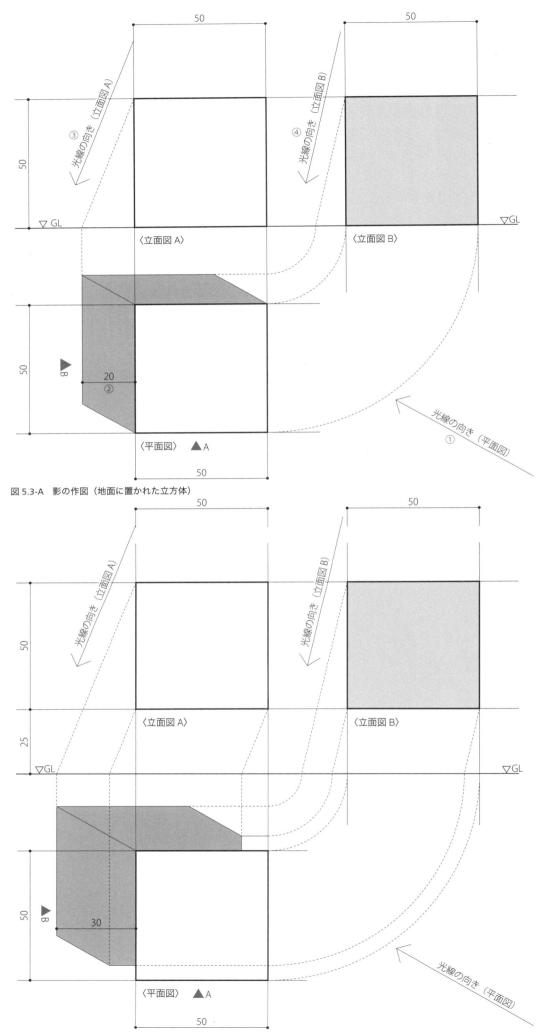

図 5.3-A 影の作図(地面に置かれた立方体)

図 5.3-B 影の作図(空中に浮いた立方体)

角法と呼ばれる投影図法である。

1. 平面図上で地面に落ちる影を作図する。それにはまず、太陽光線の向きを決める。任意の方向でかまわないが、ここでは、三角定規を使って作図することを前提に、図で右下、30°の角度で太陽光線が入射するとしよう（図5.3①）。
2. この場合、平面図では立方体の左側と上側に影が落ちることになる。次に、立面図における太陽光線の角度（図5.3③）を適宜決めるという方法もあるが、ここでは平面図での影の長さ（図5.3②）を決めよう。図では20mmとしている。すると平面図では図で網掛けを付けた部分（ハッチという）が地面に影が落ちる領域となる。
3. 平面図での太陽光線の向き（図5.3①）と影の長さ（図5.3②）を決めれば、立面図での太陽光線の角度は一意に決定される。立方体の角を通る太陽光線が地面に当たる位置が、地面における影の先端である。それを利用すれば、立面図における太陽光線の角度が求められる。側面図においても同様である。なお、この場合の側面図は「逆光」になるから、陰となる。

空中の立方体が地面に落とす影は少しややこしいが、立方体の角を通る太陽光線の行き先を考えれば、同様に作図できる（図5.3-B）。この場合は、立方体の上面の角だけでなく、下面の角を通る太陽光線を考えなければならない。できれば、50mm角の立方体の模型を作って、実際に太陽光線に当てて確認してみるとよい。

4. 平面図、断面図、アクソノメトリック図に陰影を作図する

立方体での陰影の作図法をもとにして、3つの直方体を組み合わせたオブジェの図面に陰影を施そう（図5.4）。前節で1つの立方体の影の作図法を示した。3つの直方体の場合は、それぞれの直方体が単独で存在すると仮定して、つまり他の2つの直方体が存在しないものと仮定して、それぞれの直方体の影を作図し、後からそれらの影を合体すればよい。

1. 平面図での太陽光線の角度と影の長さを設定する。次に、平面図での影を作図する。地面に落ちる影だけでなく、屋根面の上に落ちる影もあることに注意しよう。屋根面の影の長さは、立面図での太陽光線の向きを求めて、立面上で補助線を作図することで得られる。例えば、図で100mmの高さのブロック（直方体(イ)）の角を通る太陽光線が高さ50mmのブロック（直方体(ア)）の屋根面に当たる位置を求める。そのポイントを平面図に投影してくれば、平面図で50mmの高さの影の長さが得られる。
2. 平面図で左下側に40mm角のブロック（直方体(ア)）が付加されている。この直方体(ウ)は、直方体(ア)から一部張り出している。このような張り出しを建築用語ではキャンティレバーという。その空中の直方体(ウ)の作り出す地上および屋根面の影を作図する。さらに、直方体(ア)の地上の影も作図する。これらを合成すれば、影の全体形が得られる（図5.4）。

平面図の影の作図法を、もう一度、整理しよう。まず3つの直方体のそれぞれの影を、他の直方体がない場合を想定して、作図する。単一の直方体であると仮定すれば、それが地上にあっても空中にあっても、前節で示した方法で影が作図できる。ただし、地上に落ちる影だけでなく、他の直方体の屋根に落ちる影もあることに注意する。この場合ではGL±0とGL＋50mmのレベルの影を考える必要がある。こうしてできる影を合成すれば影の全体形が得られることになる。

3. 立面図では、直方体(ウ)が、直方体(ア)の側面に落とす影を作図することになる。この場合、張り出している立方体の底面の角を通過する光線が地面まで到達するのか、他の直方体の側面に当たるのかを検証しなければならない。側面図で立方体の下端を通過する光線を描けば、別の直方体の側面に当たることなく、地面まで光線が到達することがわかる。また、側面図は逆光になるので、すべて陰となる（図5.4）。
4. アクソノメトリック図の陰影の作図は、平面図と立面図での陰影をそのまま転写すればよい。地面の影、屋根面の影、壁面（垂直面）の影をそれぞれ平面図、立面図での影と同じ位置に転写する。あわせて、アクソノメトリック図における太陽光線の向きも図示しておく。作図が終わったら、模型に実際に太陽光線を当てて、作図が正しいかどうか検証してみよう（図5.5）。

そもそも、平面図や立面図になぜ陰影を作図するのだろうか。それは、2次元の紙の上で、立体の奥行きを表現するための手段である。図面とは3次元の立体を2次元の紙の上で表現するものだ。複合的な立体には、多数の面が存在するが、どの面が手前にあって、どの面が奥にあるか表現されなければならない。太陽光線を仮定し、陰影を作図することは、そのための表現上の工夫なのである。同時に、ルイス・カーンの言にあるように、光と影は建築の設計においてきわめて重要な要素である。インテリア・デザインとは、室内の光と影の分布の設計だとも言えるくらいである。具体的には、窓を通して入ってくる自然光と照明器具を使った人工照明によるものである。設計者は、光と影にたいして、とりわけ敏感にならなければならない。

〈立面図A〉

〈平面図〉

図 5.4 3つの直方体を組み合わせたオブジェ

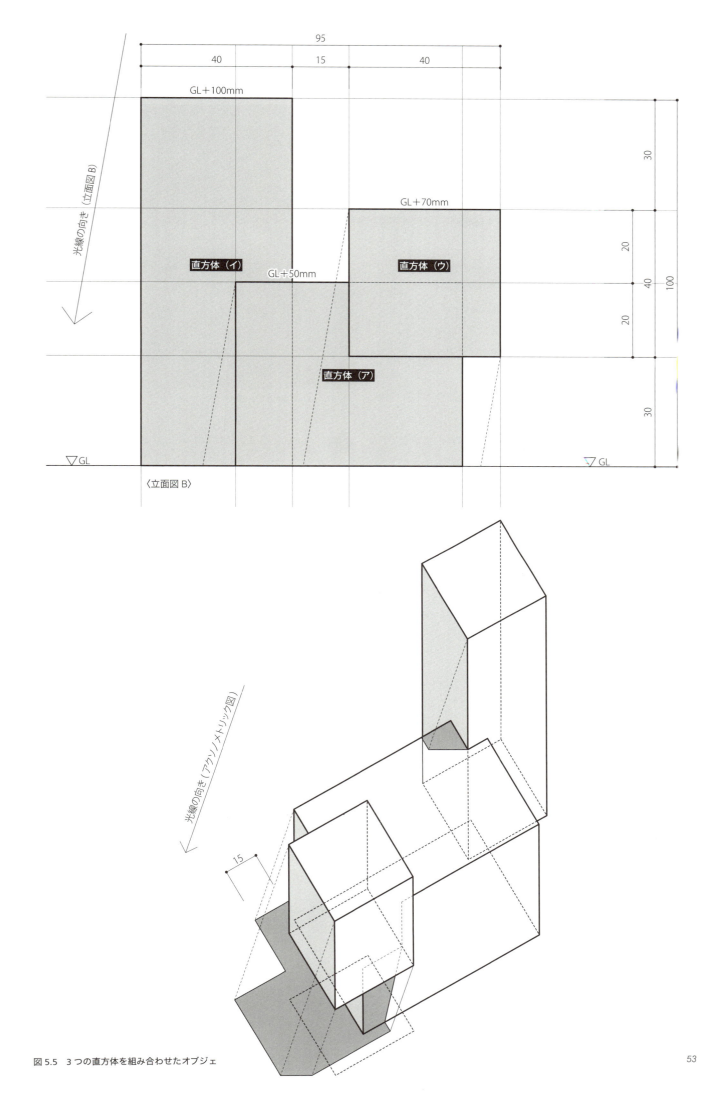

図 5.5　3 つの直方体を組み合わせたオブジェ

5. コンピュータでの作図

図 5.6 は 1000 個の直方体によるオブジェである。テオ・ファン・ドゥースブルクの床と壁による構成やマレーヴィッチのアルキテクトニキを参考にして作ってみたものだ。製図板の上での作図では、3 個の直方体によるオブジェといえども、その作図、とくに陰影の作図は複雑である。この図はコンピュータを使って描いたものである。

作図の手順は以下のようである。

まず CAD 上で、サイズやプロポーションの異なる 1000 個の直方体をランダムに配置する。XY 座標軸という平面方向だけでなく、Z 方向、つまり高さ方向にもランダムに配置する。言い換えれば、直方体を 3 次元的に配置する。この作業をモデリングという。モデリングとは模型を作るということで、ここではコンピュータのメモリ上にバーチャルな模型を作るという意味になる。

実際の建築の設計では、それぞれの直方体は柱や壁や床であったり、ガラスの板であったり、ある特定の機能をもった部屋であったり、ひいては 1 つの建物であったりする。それらの直方体の 3 次元的な配置には様々な検討や試行錯誤が必要になる。このモデルでは、それらの属性（プロパティ）、すなわち柱であるとか、壁であるとか、床であるなどは、すべて省略している。それぞれの直方体は単なる直方体であって、その幾何と位相の情報が記録されている。あわせて保持しているプロパティは色のみである。建築的なプロパティは持たない。直方体の 3 次元的な配置は、乱数を使ったプログラムによるもので、あくまで仮想実験である。

プログラムとは、コンピュータにたいする指令書だと考えればよい。この場合は人間にわかりやすい、つまり英語に似ている、特定の言語を使って機械に指示することになる。AutoCAD では人間と機械のコミュニケーションは Lisp というコンピュータ言語を使って行われる。その言語には乱数を使うライブラリが含まれていないので、1000 個の直方体のサイズとプロポーションと中心位置を記録したデータの作成には Python プログラミング言語を使った。ライブラリとは図書館のことであるが、コンピュータ・プログラミングでは、すでに誰かが作成した便利なプログラム集くらいに理解しておけばよい。そのデータを CAD に取り込めばモデリングは終了である。データを取り込むときに同時に色というプロパティも与えている。CAD に取り込む段階では Lisp 言語を使っている。実際の設計作業では、配置のための基準線や補助線も必要になるだろう。内部空間の機能や組織化のための検討も必要であろう。こうしてできたモデルを水平面で切った断面が平面図になるし、鉛直面で

図 5.6　1000 個の直方体を組み合わせたオブジェ（CG）

切れば断面図になる。これは製図板での製図とまったく同じである。

モデリングが完成したら、そのモデルをレンダリングする。コンピュータでの画像とは色のついた小さな点の集まりのことをいう。写真も同じである。この小さな点のことをドットないしピクセルという。この画像は、横 2000 ピクセル、縦 1500 ピクセルの画像である。総計 300 万個の点である。レンダリングとは、あるモデルに基づいて、300 万個の点の色を決めるという作業である。色とは、光の 3 原色、つまり、赤、緑、青を、それぞれ 256 階調の濃淡で記した数字の組み合わせである。レンダリングするためには、モデルの他にカメラや光を設定しなければならないが、ここでは深くは立ち入らない。レンダリングするときに陰影をつけるかどうか指示できる。1000 個の直方体が織りなす陰影を手作業で作図することはとてもできない。コンピュータは、その計算を数分でやってのける。この一連の作業は 3 次元データの集まりであるモデルを、何らかのブラックボックスを通して、2 次元の画像に変換する作業なのだと理解しておこう。レンダリングとはマッピングないし写像のことである。レンダラーというソフトウェアは、モデルとカメラと光を入力し、画像を出力するプログラムのことである。そして、もとになるモデル、すなわち 3 次元データとは個々の立体の幾何と位相であり、その一覧表を作ることがモデリングであり設計なのである。そして、その手助けをするソフトウェアを CAD という。

第6章

透視図の基礎

レオナルド・ダ・ヴィンチ「最後の晩餐」1495〜98年

3次元のオブジェクトを2次元の紙の上に、
人が目で見たとおりに描く。
近くのものは大きく、遠いものは小さく描く。
それを正確に作図する方法を遠近法という。
遠近法の原理を、点の透視図を描くことで理解しよう。
点の透視図が描ければ、それを長方形の透視図、
直方体の透視図へと拡張することは容易である。

1. 点の透視図

図 **6.1** は点の透視図の作図法を概念的に示したアイソメトリック図である。視点と画面を設定したとき、地上の点が画面の上にどのように投影されるのか、概念図を使って理解しよう。

1. 地平面上の点 S に人間が立って、対象物、この場合は地平面上の点 A を見るとする。人間の目の高さは地上 1500mm くらいである。E を視点としよう。点 A（対象物）と視点 E の間に地表面に垂直な画面を設定する。コンピュータを使った作図では、画面は自由に設定できるが、ここではあくまで地表面に対し垂直に設定する。

2. 3 次元空間の直線 AE と画面（平面）との交点 A′ が求める点の透視図である。その A′ は、どのようにして求めるのか。まず、視点 E を画面に投影した点 Vc、言い換えると、E を通って画面に垂直な直線が画面と交わる点 Vc を求める。視点 E から伸びる視線は、画面に対し常に垂直であることを理解しておこう。地平面と画面の交線を直線 GL とすると、画面上の点 Vc は単に GL から視点の高さと同じ高さの点である。Vc を視心という。Vc を通って GL に平行な直線 HL を地平線という。つまり無限遠での地面の水平線である。

3. 対象物である点 A の画面上での立面図は、高さ 0 であるから図で点 a である。正確には、点 A を画面へ正射影した点が a である。求める点 A′ は点 a と視心 Vc を結んだ直線 aVc の上にある。一方、A′ は直線 AS と直線 GL との交点 a′ を通る垂線上にある。よって直線 aVc と画面上で a′ を通る垂線との交点が、求める点 A′ である。

4. この概念図はアイソメトリック図で描いてあるが、実際の製図では、画面を 90°倒して、1 枚の紙（地平面）の上で作図することに注意しよう。つまり、地平面と透視画面とが 1 枚の紙の上で共存することになる。平行透視での第 1 角法でも平面図と立面図が 1 枚の紙の上で共存するが、それに似た技法がここでも使われるということである。ただし、視点、対象、画面の関係が第 1 角法では視点➡対象➡画面（投象面）であるのにたいし、透視図の場合は視点➡画面➡対象であることに注意しよう。

ここまで、地上の点 A が画面上の点 A′ にどのように投影されるのか、そしてそれをどのような手順で作図するのか説明した。点 A の高さは 0 であるが、高さをもった点、つまり空中の点は画面上ではどこに投影されるのだろうか（**図 6.2**）。

1. この図で、視点 E、視心 Vc、画面などの設定は地上の点 A の透視図の場合と同じである。

2. 空中の点 B は画面上では点 b に正射影される。地上の点 A が点 a に正射影されることを思い起こそう。点 A は点 B を地平面上に正射影した点である。つまり、平面図で見れば、点 A と点 B は重なっている。そして画面上では点 A の立面図は点 a、点 B の立面図は点 b である。

3. 求める点が画面上で点 a′ を通る垂線上にあることは、地上の点 A の透視図の場合と同じである。よって、直線 bVc と画面上で点 a′ を通る垂線との交点が求める点 B′ である。

対象となる物体と人間の目とのあいだに画面を設定し、その視線を画面で切断すれば透視図が描けると解説したのはルネサンスの建築家アルベルティである。アルベルティは著書「絵画論」で透視図法の基本原理を記述した。アルベルティは点ではなく、一般の立体を対象に考えたようである。立体の各部と眼からの視線の束は角錐状になる。それを視錐と呼んでいる。そして視錐を画面で切断すれば透視図が得られると考えた。この考え方は上で説明した点の透視図の作図手順と同一である。その後、透視図法はピエロ・デラ・フランチェスカやレオナルド・ダ・ヴィンチによって完成させられてゆく。ミラノのサンタ・マリア・デレ・グラツィエの「最後の晩餐」はレオナルド・ダ・ヴィンチによって描かれた壁画である。一点透視図法の技術を使って描かれている。点の透視図の概念図に戻れば、透視図とは 3 次元空間内の立体を、設定された視点をもとにして、2 次元の画面にマッピング（写像）する操作であると理解できるだろう。

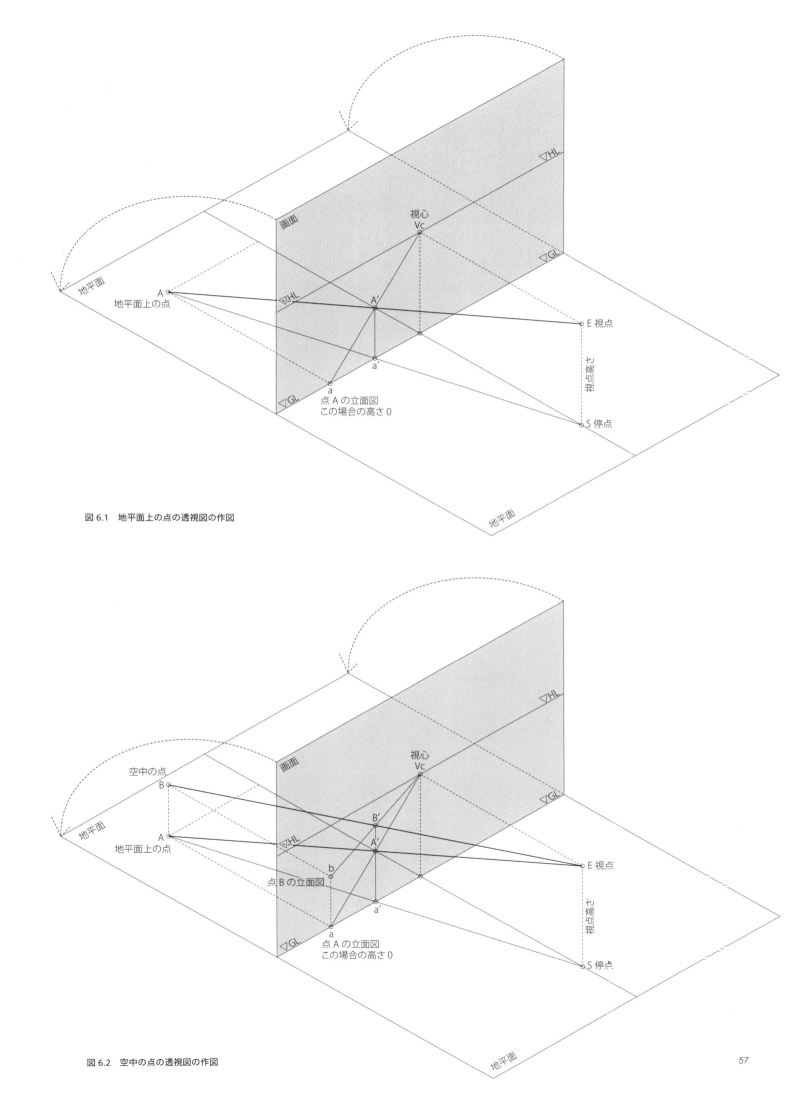

図 6.1 地平面上の点の透視図の作図

図 6.2 空中の点の透視図の作図

2. 地平面上の長方形の透視図

地上に置かれた長方形の透視図を描いてみよう。地上の4つの点の透視図を作図すればよい。点の透視図の概念図で示したように、画面はGL位置で90°回転され、地平面を表す図にオーバーラップして描かれることに注意しよう。つまりGLより上部には、地平面での平面図と画面上の透視図が重なった状態で描かれることになる（**図6.3**）。

地平面に60mm×100mmの長方形ABCDが置かれているとしよう。長方形の一辺ABから20mm離れた位置に画面を設定しよう。平面図での画面の位置が、透視画面での高さ0を示すことになるのでGLと記す。さらに視点Sは画面から100mm離れているとしよう。視点は長方形ABCDの中心軸上にあるとしよう。視点の高さは地上40mmとしよう。

この条件で前述の点の透視図の手順に従い、A、B、C、D、4点の透視図を求めればよい。以下、例えば点Aについて説明する。

1 平面図での点Aと視点Sを結ぶ。

2 点Aから直線GLに垂線を下ろし、直線GLとの交点をaとする。点aは画面上、つまり点aの立面図では高さ0であることに注意する。

3 点aと視心Vcを結ぶ。

4 直線ASと直線GLの交点から立ち上げた垂線と直線aVcの交点が求める点A′である。

同様に点B′、点C′、点D′を求めて、それぞれ線分で結べば地上の長方形の透視図A′B′C′D′が描かれる。

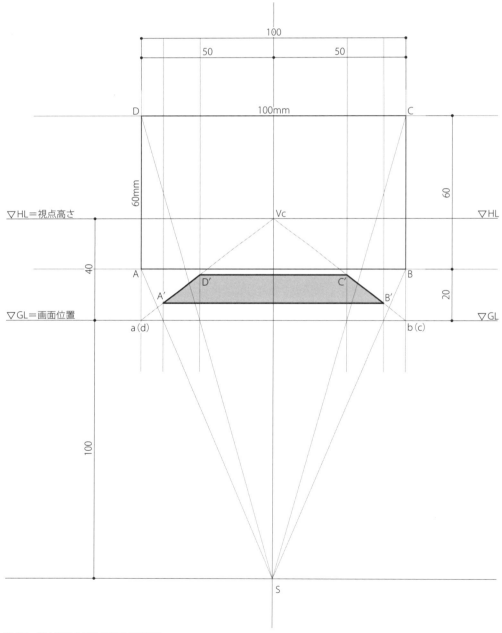

図6.3 地上に置かれた長方形の透視図

3. 視点位置を変更して、地平面上の長方形の透視図を描く

前の例では視線は長方形の中心軸にあった。長方形の大きさや位置、画面の位置、画面と視点との距離、視点高さは変えずに、視点の位置Sを平行移動して作図してみよう（**図6.4-A**、**図6.4-B**）。同じ長方形であっても視点を変えると透視図での見え方は様々に変化することを理解しよう。

次に、視点高さを40mmから100mmに変更しよう（**図6.5**）。当然、高い位置から見れば、長方形の見え方は大きくなる。

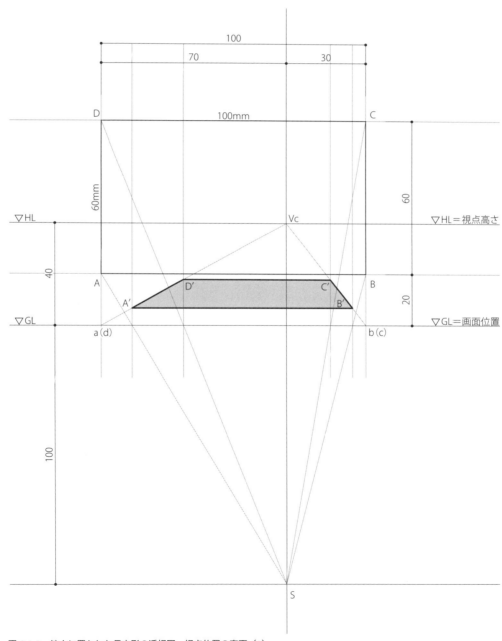

図6.4-A　地上に置かれた長方形の透視図、視点位置の変更（1）

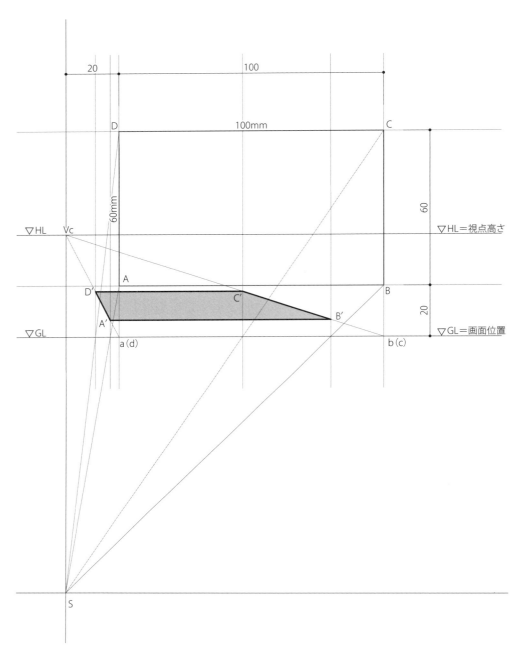

図 6.4-B　地上に置かれた長方形の透視図、視点位置の変更（2）

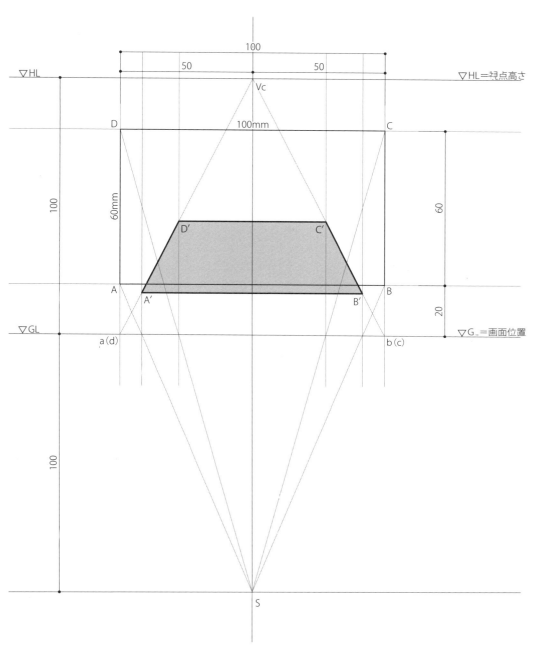

図 6.5 地上に置かれた長方形の透視図、視点高さの変更

4. 直方体の透視図

次に直方体の透視図を描こう（**図 6.6**）。底面は前の例題と同じく 100mm × 60mm の長方形、高さは 45mm とする。底面の長方形を ABCD、上面の長方形を EFGH と記号をふる。点 E、F、G、H については、「空中の点の透視図」で示した手順で作図すればよい。上面の点 E を例にして手順を示そう。

1. 平面図での点 E と視点 S を結ぶ。
2. 点 E から直線 GL に垂線を下ろし、直線 GL との交点を a とする。点 a を通る垂線上で高さ 45mm の点が e である。点 e は画面上、つまり点 e の立面図では高さ 45mm である。
3. 点 e と視点 Vc を結ぶ。
4. 直線 ES と直線 GL の交点から立ち上げた垂線と直線 eVc の交点が求める点 E′ である。

同様に点 F′、点 G′、点 H′ を求めて、それぞれを線分で結べば直方体の透視図が得られる。ここで、奥にあって手前の面で隠れてしまう稜線は破線で示している。図では稜 A′D′、稜 D′C′、稜 B′C′、稜 D′H′、稜 C′G′ である。逆に手前にあって見えてくる稜線は太線で強調している。

ここまでの例では、長方形の 1 つの辺、ないし直方体の 1 つの面に平行に画面が設定されている。この場合、奥行き方向の稜線、例えば稜 A′D′ や稜 E′H′ などは、延長すればすべて視心 Vc に到達する。これを一点透視図という。そして視心 Vc を一点透視図の消失点という。直方体に対して画面を平行に設定しなければ、透視図は 2 つの消失点をもつことになる。それは二

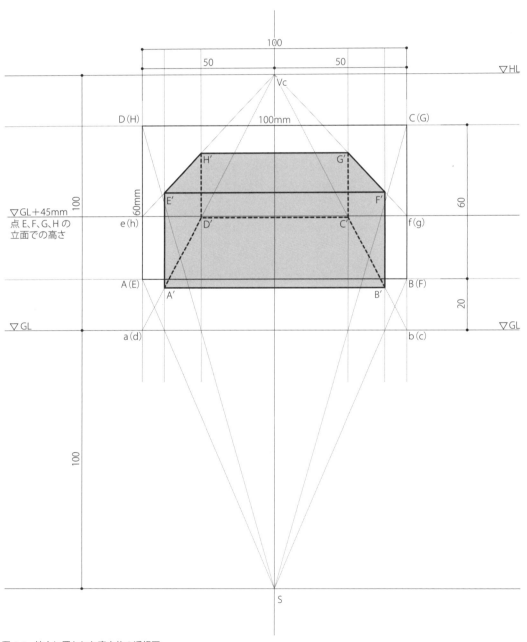

図 6.6　地上に置かれた直方体の透視図

点透視図と呼ばれる。次に直方体の二点透視図を描いてみよう。作図法としては、画面を回転させるのではなく、対象（直方体）を回転させて透視図を描くことになる。

5. 画面に対し平面的に 30°回転して置かれた直方体の透視図

前の例題と同じ直方体を画面位置、すなわち直線 GL に対して 30°の角度をもつように配置する。画面と視点との距離、視点高さは変更しないことにする。この場合も「点の透視図」の作図手順で直方体の 8 点の透視図を求めればよい。こうして描いたものが **図 6.7** である。

この透視図で稜 A´D´、稜 E´H´を延長すれば、2 本の直線は水平線 HL 上の点 V_1 で交わる。同様に稜 A´B´、稜 E´F´の延長線は点 V_2 で交わる。隠れた稜線も延長すれば V_1 ないし V_2 で一点に交わる。ここでの V_1 と V_2 を消失点という。また、ここで描かれる透視図を二点透視図という（**図 6.8**）。

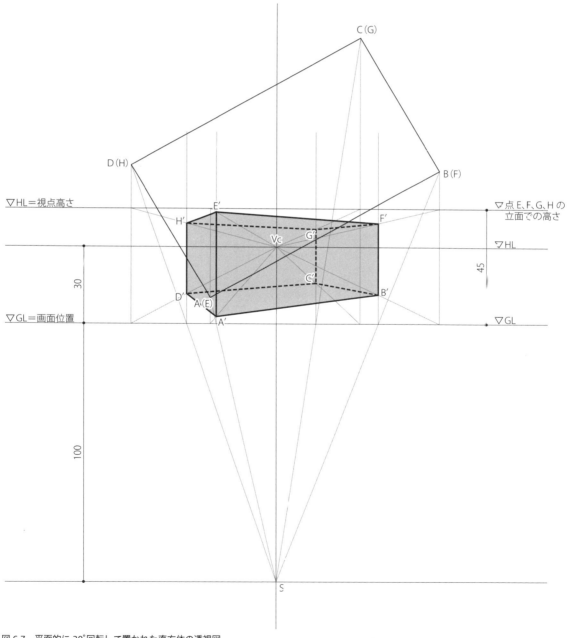

図 6.7　平面的に 30°回転して置かれた直方体の透視図

直方体のすべての稜線が延長すれば、いずれかの消失点に到達する。これを利用して作図を簡便化することができる。例えば、点 A′、点 D′、点 E′ が先に作図されていて、点 H′ を求めたいとする。点 H′ は、もちろん点 E′ と同様に「点の透視図」を作図する手順で求めることができる。しかし、稜 A′D′ を地平線 HL まで延長したポイントが消失点 V_1 であり、消失点 V_1 と点 E′ を結び、点 D′ を通る垂直線との交点を求めれば、それが点 H′ である。

また、一点透視図も二点透視図も、地面に対し鉛直な稜線は、透視図でも線分 GL に垂直な線分として描かれることに注意しよう。言い換えると、透視図では鉛直線はすべて平行である。これは、画面が常に地表面に対して垂直である、つまり視線が地表面に平行であることによる。もし視線が地表面に対して傾いていれば、鉛直方向にも消失点をもつ図が描かれる。それは三点透視図と呼ばれる。一点透視図や二点透視図では、視線の方向は地表面に対して常に水平である。視線の方向を地表面に対して傾ければ、つまり、見上げたり見下げたりすれば、それは三点透視図となる。コンピュータを使った作図では、むしろ三点透視図が通常のありかたで、一点透視図や二点透視図を描くにはカメラの視線を水平に設定しなければならない。しかし、製図板の上で三点透視図を作図することは困難であるし、建築の透視図は基本的には一点透視図ないし二点透視図で描かれることが多い。

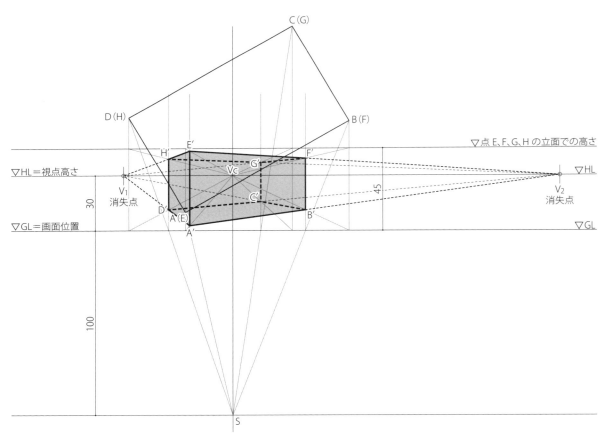

図 6.8　図 6.7 に消失点 V_1、V_2 を追記した図

6. 直方体の二点透視図において視点高さを変更する

図6.9 は前の例題の視点の高さを 30mm から 100mm に変更した透視図である。直方体の高さは 45mm であるから、その高さの倍以上の高さから直方体を見ていることになる。であるので、直方体の上面が見えてくる。

ここでの直方体を建物であるとみなすと、前の例題では、直方体の透視図での視点は地上の人の眼の高さに近い。それに対して、この例題では視点高さが持ち上げられ、建物の屋根に相当する面まで見えている。低い視線であれば 2 つの面しか見えないが、高い視線であれば 3 つの面が見えてくる。高い視線の透視図は、模型を上から見ているのと同じで、全体形を理解するのに役立つ。つまり説明的である。説明的であるということは、斜め上から見たアクソノメトリック図に近い効果をもつ。それに対して、低い視線の透視図は、実際に地上での建物の見え方を表しているわけで、見た者に強い印象を与えることができる。

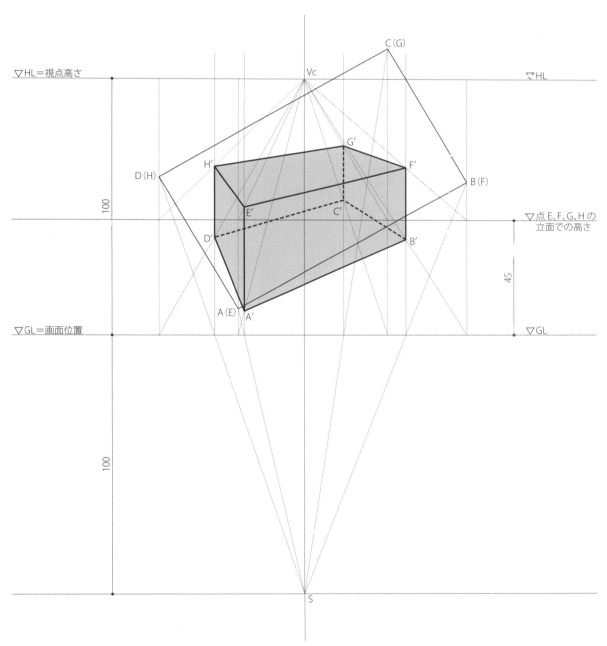

図 6.9　平面的に 30°回転して置かれた直方体の透視図、視点高さの変更

7. フランク・ロイド・ライトのプレーリー・ハウス

図6.10はクーンレイ邸（1907年）、**図6.11**はトーメック邸（1905年）の透視図である。いずれもフランク・ロイド・ライトの設計として名高い。フランク・ロイド・ライトはこれらの住宅をプレーリー・ハウスと呼んでいる。プレーリーとは、アメリカ大陸の大平原のことで、草原住宅と訳せるであろう。実際はシカゴなどの大都市の近郊に立地する郊外住宅である。郊外（suburbs）とは、英語ではサバーブ、つまりサブ・アーブであり副・都市であろうか。郊外という概念はハドリアヌスのヴィラなどがあるくらいであるから、ローマ時代よりあった。しかし、そのライフスタイルが広く一般のものとなったのは20世紀前半のことである。それは自動車の発明による移動手段の革命があったからだ。つまりテクノロジーの進歩が人々のライフスタイルを変え、建築を変え、都市を変えたわけである。このことは、後ろの章で例題としてとり挙げるル・コルビュジエのサヴォア邸（1929年）でも明らかである。サヴォア邸は郊外住宅の理想形を示している。自動車交通の発達と、それに伴う郊外への果てしない拡張が、中心市街地の空洞化という現代の日本の地方都市がかかえる問題に直結しているわけである。

フランク・ロイド・ライトは、多数の郊外住宅を設計した。そして多くの透視図を残した。深く突き出した軒、緩やかな勾配屋根、強調された水平線。それらの特徴をもった郊外住宅が森の中にひっそりと佇んでいる。それがクーンレイ邸やトーメック邸の透視図を見たときの印象である。オーストラリアの首都キャンベラを訪れたとき、町全体が森に埋もれた別荘地のような印象をもったが、それと似た情景である。

クーンレイ邸もトーメック邸も複数の緩勾配の寄棟屋根の集合体である。樹木の間に多数の寄棟屋根が浮遊しているような印象である。クーンレイ邸では視点の高さは暖炉の煙突の頂上よりもわずかに高い位置に設定されている。それにたいして、トーメック邸では前面の地上、おそらく道路の上に立ったときの眼の高さが視点である。

クーンレイ邸では寄棟屋根の数が多数で、全体構成も複雑である。そのため、あえて視点の高さを屋根より高い位置に設定して、全体構成がわかるような絵にしたのであろう。それにしても、視点の高さはそれぞれの屋根が見えるぎりぎりの高さである。さらに高い位置から見れば、全体の構成はより明確にわかるであろう。しかし、完成した建物を地上で眺めたときの印象は屋根よりも壁面の方が強いものだ。地上に立った時、屋根はあまり見えない。見えてくるのは軒の先端の水平線と壁面である。それが表現されるぎりぎりの視点高さが選ばれている。トーメック邸は構成が単純であるから、地上に立った時の視点で、最も代表的で印象深いアングルが選ばれたのであろう。トーメック邸では軒の裏が見えるが、クーンレイ邸では軒裏は見えない。

もうひとつの注目点は、微妙な角度での建物のふれかたである。この2枚は二点透視図である。例題の直方体の二点透視図は画面に対し30°の角度で直方体を置いた。しかし、これらのライトの透視図では、建物と画面の角度のふれはごくわずかである。そのことで、軒の先端がどこまでも水平に伸びてゆく印象が強調されている。この図が一点透視図であったなら、建物の正面性は強調されるであろうが、森の中で軽やかに水平線が浮遊してゆくイメージは残らないであろう。

このライトの透視図を自分で描くことを想像してみよう。平面図と断面図ないし立面図はすでに完成しているとしよう。実際は、透視図を描いてみて、平面図や断面図などが修正されることもあるだろう。建物が立ち上がるまで、平面図も断面図も透視図も、すべての図が検討図、つまり、机上のシミュレーシ

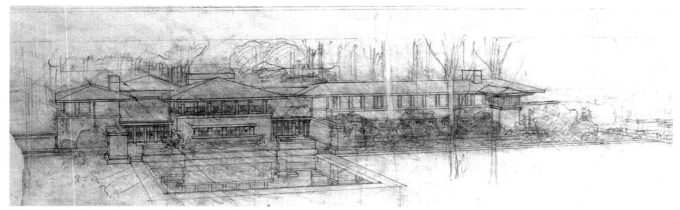

図6.10　フランク・ロイド・ライト「クーンレイ邸」透視図、1907年　(出典：Peter Gössel, *"Frank Lloyd Wright 1885-1916 The Complete Works"*)

ョンであるのだから。

　画面と視点を設定すれば、3次元空間内のあらゆる点の透視図が作図可能である。ということは、複雑なライトの設計図であっても、あらゆる点を作図してゆけば透視図が描けることになる。原理的にはそうであるし、コンピュータは愚直にそれを実行する。しかし、それを製図板上の手作業で行うには、実際の建築はあまりに複雑である。通常は、主要な点や代表的な点を選んで、それらを正確に作図する。それには直接法（点の透視図）あるいは消失点を併用した方法を使えばよい。建物はいくつかの直方体のブロックの組み合わせでできているから、それらの基本ボリュームのコーナーの点を取ることになるだろう。さらに、突き出た屋根のエッジや棟の頂点、暖炉の頂点などの点を作図により求めるだろう。規則的に並んだ窓割りも作図によるかもしれない。これらの主要な点を作図し終えたら、その他のディテール、例えば、窓の深さや基壇の水平の目地などは消失点を利用しながら目測で描く（これを目ノコという）。直接法や消失点法を使って正確に作図するのは、なるべく少数の点に限ることがよい。陰影も太陽光線を仮定して、影の落ちる先の点を作図することもできるが、通常行われない。消失点を利用するなどして、目ノコで描く。さらに、周囲の樹木、人物などを描きこむ。それらを点景という。ライトの透視図では樹木は描かれているが、人物は描かれていない。その上で、水彩絵の具などを使って彩色すれば絵として完成する。色鉛筆やマーカーを使うこともある。あるいは、鉛筆だけを使ってモノクロームの絵とすることも行われる。

図 6.11　フランク・ロイド・ライト「トーメック邸」透視図、1905 年 （出典：Peter Gössel, *Frank Lloyd Wright 1885-1916 The Complete Works*）

第7章
室内の光と影

北京国家大劇院コンペ案、コンコースの透視図、1998年
(図版提供：磯崎新アトリエ)

透視図の作図の原理を理解したなら、室内の一点透視図を描いてみよう。
前川國男自邸のリビング・ルームを題材にしよう。
平面図と断面図をもとにして、透視図のアウトラインを作図する。
できあがった下図をワトソン紙に転写して、陰影を施し、水彩で仕上げる。

1. 前川國男邸

　前川邸は 1942 年に建てられた。終戦後の一時期、自身の設計事務所としても使われた建物である。前川國男は 1928 年に大学を卒業するとパリのル・コルビュジエのアトリエに 2 年間勤務した。そのため、前川邸にはル・コルビュジエの影響とおぼしき部分が、ここかしこに存在する。リビング・ルームの透視図を描くのが、ここでの主目的であるが、まず建物全体の構成を理解しよう。

　写真 7.1 は、建物全体の外観写真である。大きな切妻屋根が建物全体を覆っている。中央の丸柱が伊勢神宮の棟持柱を彷彿とさせる。しかし、その丸柱は棟まで到達しているわけではない。**図 7.1** は全体の平面図である。建物はほぼ木造平屋建で、天井の高いリビングの空間の一部にロフト状の 2 階の床が存在する。当初考えられたボリューム構成は**写真 7.2** のようなものであったと推測される。中央に背の高い直方体を置き、その両側に背の低い直方体を配置するというものである。中央の背の高い直方体はリビング・ルームで平面は 6370mm × 5460mm（柱芯）の長方形、天井高さは約 4480mm のボリュームである。オ

写真 7.1　前川國男自邸、1942 年竣工 （撮影：脇坂圭一）

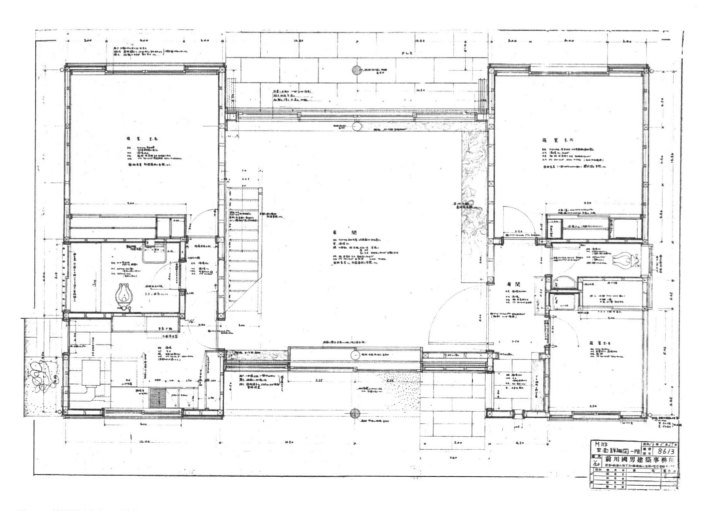

図 7.1　前川國男自邸、1 階平面図 （図版提供：前川建築設計事務所）

リジナルの設計図は戦前に描かれたもので、単位は尺貫法である。6370mm は 21 尺（3.5 間）、5460mm は 18 尺（3 間）である。両側の直方体ブロックの天井高は約 2600mm で、寝室やキッチン、浴室・洗面室、トイレ、玄関などに割り当てられている。

　空間構成の原初の姿は、模型写真で示したように、3 つの直方体が並べられたものであろう。**図 7.2** はオリジナルの長手方向断面図である。木造であるので、フラットルーフは当時の技術を考えると難しかったであろう。切妻屋根で覆うことにより全体形が完成する。きわめてシンプルな構成である。**写真 7.3** は木造の軸組み模型で、前川事務所に残されている原図を参考にして作成したものである。ただし、地震力や風圧力などの水平力を負担する耐力壁については、その配置が不明である。そのため、筋交いは模型では表現していない。また、1 階の床組みや屋根の垂木も省略している。このような模型を作成することにより、構造の理解が深まる。中央のリビングの大空間の上部に掛け渡す梁は 6.37m のスパンを跳ばさなければならない。木造としては大スパンである。そこで中央の 2 列に関しては、トラス梁が用いられる。外周部（2 列 × 両サイド、計 4 列）の骨組みについては梁の上に束を立て、その上に母屋を流してゆく。いわゆる和小屋の構造である。外周部は通常の和小屋の構造であるから 6.37m のスパンは厳しい。そこで中央に柱が追加

写真 7.2　前川國男自邸、ボリューム構成

写真 7.3　前川國男自邸、軸組み模型

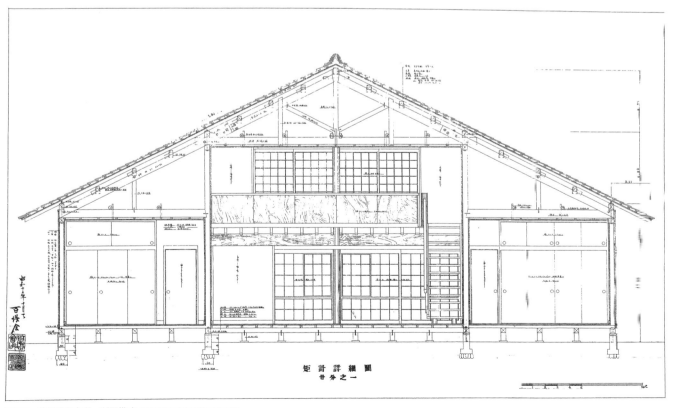

図 7.2　前川國男自邸、断面構成　（図版提供：前川建築設計事務所）

され、スパンとしては 3.185m に半減する。その柱が特徴的な丸柱として表現される。こうして和小屋と洋小屋のハイブリッド構造が形成される。これだけでなく、例えば、リビングの大空間に張り出した 2 階の床のキャンティレバーの作り方など、構造上の工夫が随所に見られる。

2. 建築図面の構成

図 7.1 の平面図を参照しよう。主要な柱あるいは壁の中心軸に細い一点鎖線が描かれている。これらは柱や壁の配置の基準線であって、通り芯と呼ばれる。この基準線は部材を配置するための仮想の直線であって、物体として存在するわけではない。建物を構想するときにスケッチされる線と同じく、仮想のものである。手書きで描かれるラフなスケッチは、平行定規と三角定規を使って基準線として作図される。その基準線を柱や壁で肉付けして設計図ができあがってゆく。製図板の上の白紙には、まず初めに基準線（通り芯）を描く。

通り芯が描けたら、構造体（柱・壁）の断面を描く。前川邸の場合は、柱は 105mm 角ないし 120mm 角の寸法なので、それを図上に配置してゆく。次に壁の輪郭を描く。この場合、基準線から壁の表面までの距離が重要である。場所によって使われる柱のサイズが異なるが、これは柱の長さ、つまり土台から上部の梁下までの距離によって構造上必要な断面積が異なるからである。とりあえず 120mm 角の柱を標準にして図を描くことを考えよう。室内側は柱の上にボードを張り漆喰で仕上げられている。その仕上げの厚みを 20mm と仮定すれば、壁の断面線の位置、つまり室内の表面の位置は通り芯からは 80mm オフセットしていることになる。同様に通り芯から外壁の外面までのオフセットは胴縁や板張りの厚さを考慮して、100mm としておこう。室内の表面から外壁の外面まで、すなわち壁の厚さは全体で 180mm となる。壁の断面線を細い線で下書きしたら、次に開口部、窓や出入口の建具を描く。建具を描いたら、建具以外の部分の壁の断面を濃くなぞって描けば、それぞれの部屋の輪郭が完成する。さらに、階段や設備機器、家具などを描き込む。床目地のパターン、この場合はテラスや玄関の石貼りの目地を描き込む。さらに室名や寸法などの文字情報を記述する。

断面図や立面図では、高さ方向の寸法は地上の高さが基準になる。建物が接する地面の高さを GL±0（グラウンド・レベル・ゼロ）とする。次に、1 階、2 階の床の高さ（FL、フロアレベル）が設定される。1 階と 2 階の床高の差を階高という。前川邸の場合は 1 階の床高は 480mm、階高は 2450mm である。このことを、1FL ＝ GL ＋ 480mm、2FL ＝ GL ＋ 2930mm と表記する。前川邸はほとんど平屋なので、外周部で 1 階の床高の次に重要な基準線は軒高となる。軒高とは軒桁の天端のレベルのことである。断面詳細図をみると、軒高は 2FL より 570mm 高い位置に設定されている。つまり軒高＝ GL ＋ 480 ＋ 2450 ＋ 570 ＝ GL ＋ 3500mm である。次に、建物中央最高部の棟木の高さが重要になる。それは構造体としての最高の高さを示すものである。この場合は屋根が 5 寸勾配で設計されているので、計算により求めることができる。ここで 5 寸勾配とは、水平に 10 行ったとき鉛直方向に 5 上がる角度であることを示している。つまりタンジェントで勾配を表している。5 寸勾配とは $\tan\theta = 0.5$ という意味である。これを利用すれば軒桁と棟木の水平距離から鉛直方向の距離を計算できる。ここで軒桁と棟木の水平距離は 3185 ＋ 3640 ＝ 6825mm であるから、鉛直方向の距離の差は 6825 × 0.5 ＝ 3412.5mm である。よって、棟木天端＝軒高＋ 3412.5 ＝ GL ＋ 6912.5mm となる。棟木は構造体であるが、その上部は垂木や野地板、棟瓦などで仕上げられる。仕上げも含めた最高高さは GL ＋ 7320mm となる。

断面図や立面図では、まずこれらの基準線を描き、次に、平面図の場合と同じように、構造体（基礎、柱、梁、合掌、母屋、など）の断面を描く。構造体の見え掛かりも同時に描く。この場合は屋根のトラスが該当する。次いで、室内外の仕上げのラインを描く。室内では、床、壁、天井の輪郭である。芯から面までのオフセットは平面図の場合と同様に考える。外部では外壁の表面と屋根の表面を示す線になる。これらの断面線は太く強調して描く。さらに室内の見え掛かりを細い線で描く。階段や建具の見え掛かりが該当する。そして寸法や文字情報を描き込めば図面として完成する。断面図においては、それぞれの部屋の天井高さ（床面から天井面までの距離）も記載する。

3. リビング・ルームの一点透視図

平面図と断面図のなりたちを理解したら、透視図作成用の平面図（**図7.3**）と断面図（**図7.4**）を準備しよう。透視図は、リビング・ルームの空間の奥に階段が見えているアングルにしよう。平面図を使って説明すれば、Y_3通りに沿って、X_2からX_4の方向を見る透視図である。一点透視図であるから、前章での直方体の透視図の作図原理を思い出そう。前章では、対象となる直方体は画面位置から若干、離して置いてあった。その方が、より一般的な説明となるからである。しかし、作図を簡略化するために、ここでは、画面の位置を対象となる直方体に接して設定しよう。平面図における画面位置は、透視図ではGLと記載された直線になる。画面位置では、直方体の断面図（あるいは立面図）が透視図上で、平面図と同じ尺度で表現される。この場合のGLとは、床面に立って視た透視図を描くのであるからFLのことである。

写真7.4は製図版の上に縮尺1/30の平面図を置き、その上にトレーシング・ペーパーを敷いて、透視図のアウトラインを作図したものである。作図手順は以下の通りである。

1. 画面位置（GL）は平面図で最下部の壁の室内側の境界面の位置に設定している。この画面位置での室内各部の高さは、透視図上でも平面図と同じ尺度、この場合は1/30、で表現される。視点と画面との距離は5m、視点の高さは床から1mに設定した。普通は立ったときの眼の高さ、約1.5m程度に視点高さを設定するが、天井の高さを強調する目的で視点を下げてみた。低めの椅子に腰かけて見ている場合を想定すればよいだろう。

2. 前章で解説した直接法や消失点法を使って主要な点の透視図を作図してゆく。まず画面位置に、断面図をそのまま

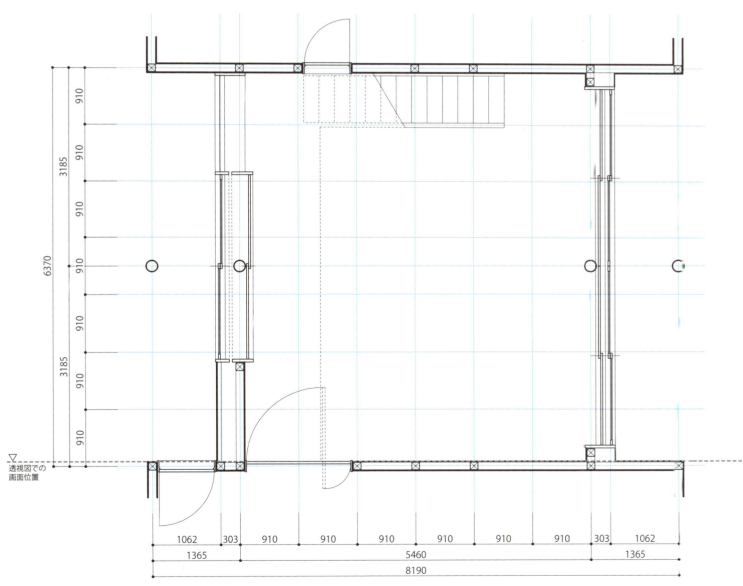

図7.3 前川國男自邸、透視図作成用平面図

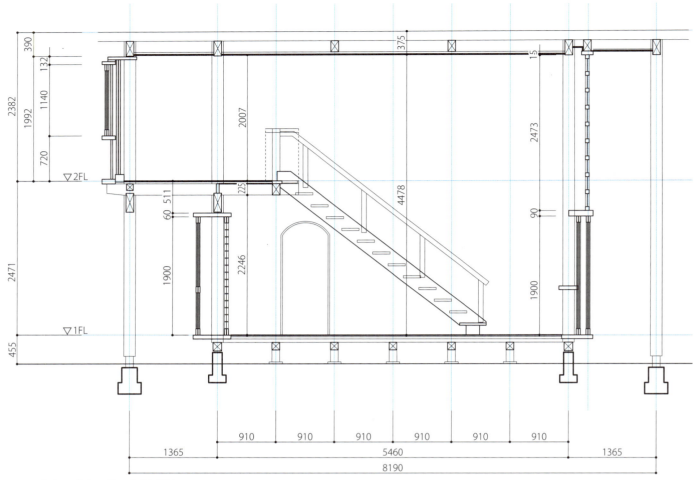

図 7.4　前川國男自邸、透視図作成用断面図

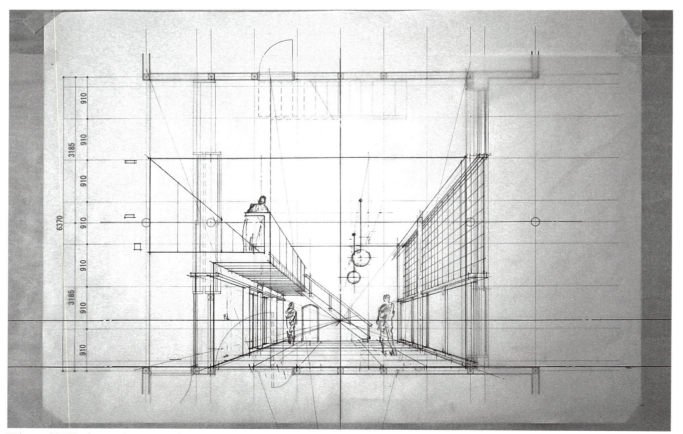

写真 7.4　製図版の上でのアウトラインの作図

大きさ（平面図と同じ縮尺1/30）で敷き込んで、部屋の輪郭、つまり部屋を構成する壁の室内側の断面線をトレースする。2階の床がリビングの空間に跳ね出している断面が描かれる。1階の南側と北側は通り芯の外側に建具があって複雑な輪郭となるが、ここではまず部屋の輪郭を通り芯の位置に壁があるとみなして、簡略化した直方体のボリュームとして描こう。この断面線はシャープペンシルで作図した後、赤ペンでトレースして強調しておこう。

3 視点から反対側の壁の位置は直接法を使って作図する。次に床面に縦横910mm（3尺）のグリッドを描く。実際の床面はフローリング敷きで幅100mm程度の細かい水平線になるが、このグリッドは目ノコで細分化することを想定したグリッドである。

4 直方体のボリュームの輪郭が描けたら、南側と北側の直径18cmの丸柱を描く。透視図上で、床面のグリッドを利用して柱位置を特定することができる。独立した丸柱は、それ自体、重要なデザイン要素である。もちろん直接法を使って柱位置を作図してもよい。

5 これ以降は、なるべく直接法を使わずに、消失点とグリッドを利用して目ノコでディテールを描いてゆく。こうして建具の枠や襖や障子の割り付けなどを描き加えてゆく。南側上部の細かい格子もシングルラインで描いておく。

6 奥の突き当りの壁には、階段と上部がアーチ状になった開口部があるが、その作図は以下のようにする。部屋の幅の内寸は 5460mm − 80mm × 2 = 5300mm である。画面位置では 5300mm / 30 = 176.6mm である。奥の壁の幅は、透視図を測ると約 80mm である。したがって、80 / 176.6 = 45.3% に断面図を縮小すれば奥の壁の位置での断面図になる。コピー機を使って縮小した断面図を用意して、それを敷き込んでトレースすればよい。さらには人物などもフリーハンドで描いておく。

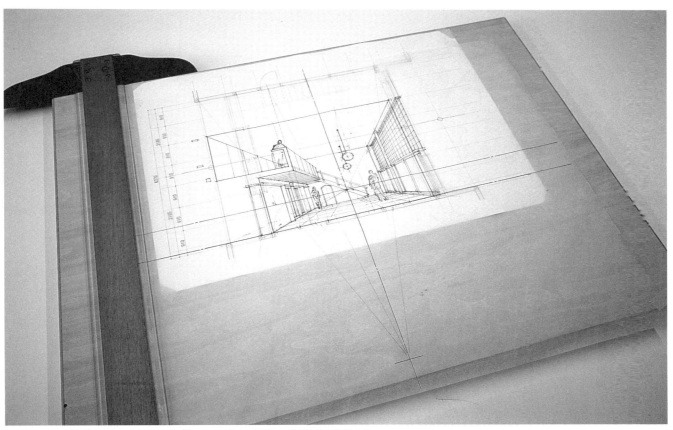

写真7.5　平面図を敷き込んで、トレーシングペーパー上で、透視図の主要な点を作図する

4. アウトラインをワトソン紙に転写して、水彩で仕上げる

トレーシング・ペーパー上にアウトラインを作図し終えたら、水彩用のワトソン紙に転写し、水彩で仕上げよう。仕上げの手順は以下のようである。

1. トレーシング・ペーパー上のアウトラインを、そのまま転写してもよいが、絵柄が小さいので、コピー機を使って拡大コピーをとる。ここでは130%に拡大している。コピーを取ったら、表の線の裏側を太めの柔らかい鉛筆でなぞる。
2. 製図版にワトソン紙を貼り、その上にコピーしたアウトラインを被せる。シャープペンで表の線をなぞれば、ワトソン紙に線画が転写される。コピーした紙をはずして、あとはワトソン紙に直接書き込んでゆく。
3. まず、部屋の輪郭をシャープペンでなぞって線を強調する。シングルラインで起こしておいた格子のグリッドなどは目ノコで幅を調整しながらダブルの線に置き換える。このようにして、ワトソン紙の上に線画の透視図が完成する。
4. その線画を透視図の完成としてもよいが、以前の章で述べたように、インテリアの設計とは光と影の分布の設計であるのだから、陰影を施そう。南側の大きな窓から太陽光が降り注ぐ。格子状のガラス面からは、格子状の影が壁面に落ちる。そのようなことを想像しながら、人物の影も含めて、フリーハンドで陰影を施そう。天井、壁面、床のそれぞれの明るさも微妙に異なるであろう。
5. 陰影を施し終えたら、水彩絵の具を使って彩色しよう。壁面は白の漆喰で、床のフローリングと木製の建具、キャンティレバー下部の根太組みは茶のオイルステイン染色である。ガラスの外には緑の植栽が広がっている。人物には若干色を付けてアクセントにした。こうしてできあがった透視図が図7.5である。

5. カルタゴの家

図7.6は、ル・コルビュジエのカルタゴの家（1928年）の断面図である。前川邸との相同性は明らかであろう。天井の高いリビングの空間に中2階のフロアが貫入して断面が構成される。床は壁ではなく、独立した丸柱によって支えられている。前川邸においても独立した丸柱が存在する。直方体をスキップする床で空間分割し、それぞれを階段で連結し、流動性のある空間

図7.5　ワトソン紙に転写し、点景・陰影を描き込み、水彩で仕上げる

を作り出すというのが、アドルフ・ロースのラウム・プランである。しかし、ラウム・プランでは構造体は壁のなかに隠れている。柱を壁から独立させて、床は壁ではなく、柱で支えるという考えを徹底したのはル・コルビュジエだった。しかし、日本の場合は地震があり、建物は水平力に耐えなければならない。特に木造では、単独の柱は水平力に耐えるものとはみなさない。水平力には壁で抵抗する。壁は柱と梁、斜材、面材を組み合わせて形成される複合的な構造体である。そのため前川邸では、壁と柱の関係はル・コルビュジエほどには徹底され得ない。

図7.7はル・コルビュジエが描いたカルタゴの家の室内透視図である。視点の位置が空間の中央ではなく、少し右側に寄っているので、より透視図に躍動感が生まれている。直方体の大きな空間の一部に、床を張り出して中2階を設置する。これはカルタゴの家が初めてではない。1920年代のシトロアン型住宅や芸術家の住宅、ラ・ロッシュ・ジャンヌレ邸など多くの計画で試みられている。前川國男がフランスに渡ったのは1928年のことである。ル・コルビュジエがサヴォア邸の設計に取り掛かるのが同じく1928年である。だから、前川國男はこのような直方体と床スラブによる空間構成のありかたをル・コルビュジエから学んだのだと思う。実は、この空間構成は前川國男建築設計事務所の自社ビルの設計においても引き継がれている。前川邸のリビングの空間が一時期、自身の設計事務所として使われていたことを思い出すと、興味深いものがある。一方、この空間構成はル・コルビュジエの生涯を通じて様々に展開されてゆく。カルタゴの家の場合は、コの字型の断面が2組、噛み合わされている。これは、後のマルセイユのユニテ・ダビタシオン（1952年）の断面図を思い出させる。マルセイユのユニテは、カルタゴの家のリビングの構成を6セット積み上げたような断面である。

6. ピラネージの牢獄シリーズ

ジョバンニ・バティスタ・ピラネージは18世紀の建築家・版画家である。室内透視図の参考事例としてピラネージの「牢獄」と題された一連の版画を取り上げたい。図7.8は、そのうちの一枚である。牢獄シリーズは全部で16点あり、1750年に第一版が、1761年に第二版が出版されている。それらの絵は、その後の新古典主義の設計思想に大きな影響を与えたと言われている。しかし、出口のない洞窟を連想させる空間を構想していること自体、古典主義というよりはロマン主義の匂いが強く感じられる。

「牢獄」で描かれる空間は、古代ローマの建築手法で作られた「迷宮」のような空間である。石積みの柱とその上に掛けられる

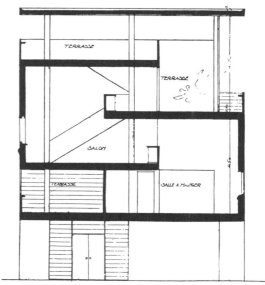

図7.6　ル・コルビュジエ「カルタゴの家」断面図
(出典：W. ボジガー／O. ストノロフ編、吉阪隆正訳『ル・コルビュジエ全作品集 第1巻』)

図7.7　ル・コルビュジエ「カルタゴの家」室内透視図
(出典：W. ボジガー／O. ストノロフ編、吉阪隆正訳『ル・コルビュジエ全作品集 第1巻』)

図7.8　「牢獄」（ジョバンニ・バティスタ・ピラネージ）
(出典：Roseline Bacou, "Piranesi, Etchings and Drawings")

アーチは層をなし、大空間が形成される。この絵では5層分の高さの空間である。最上部には木造のトラス梁も掛けられている。その柱とアーチによる迷宮のなかで、様々なレベル（床）が階段とブリッジで接続される。それらは、あたかも無限に連続するかのようだ。全体的に薄暗いトーンであるが、上部から一条の光が差し込んでいる。ピラネージ自身は、ハドリアヌスのヴィラの廃墟となったドームに、そのイメージの原点がある（**図 7.9**）。

7. 北京国家大劇院のコンコース

本章の扉の図は、第2章でふれた北京国家大劇院の設計競技における内観透視図の1枚である。国家大劇院の内部はオペラハウスやコンサートホール、劇場で構成される。その絵はそれらをつなぐコンコースの大空間であり、コンピュータを使って描いたものだ。コンピュータで絵を描くとは、実情は、絵を作るというニュアンスが強いものである。レンダリングに先立って、モデリングというステップを踏むからである。

スプライン曲面で形成される大屋根は、そのままの形で内部の天井となる。垂れ下がった天井は、すり鉢状の光庭として地上まで到達する。そのすり鉢状の構造体の周囲をとりまく幅広のスロープが、人々をオペラやコンサートや演劇の空間へと誘導する。ピラネージのアーチとドームが有機的で生物学的な曲面に置き換えられる。ピラネージの階段とブリッジが、傾いた床とも表現されるべき幅広のスロープに置き換えられている。

図 7.9　「ハドリアヌスのヴィラ」（ジョバンニ・バティスタ・ピラネージ）
（出典：Roseline Bacou, *"Piranesi, Etchings and Drawings"*）

図 7.10　北京国家大劇院の外観透視図（図版提供：磯崎新アトリエ）

第8章

印象に残る全景

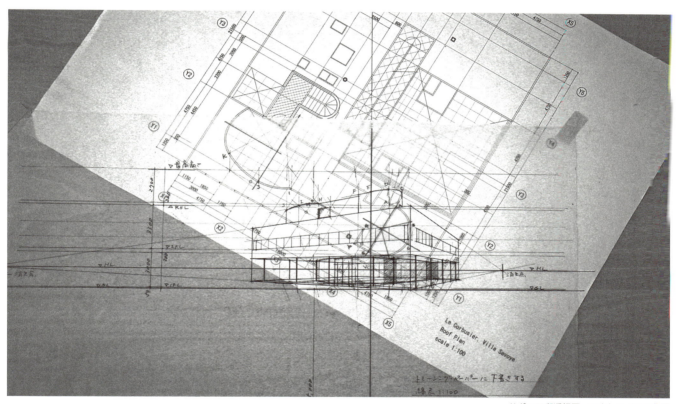

サヴォア邸透視図、アウトラインの作図

ヴィジョンを絵にして提示するのが設計者に課せられた役割である。
構想された建築を、最も端的に、かつ印象深く表現する一枚の絵は、
外観透視図である場合が多い。

本章では、ル・コルビュジエの代表作である「サヴォア邸」を題材に
して外観透視図を描いてみよう。

その作業を通じてサヴォア邸の平面図・断面図のなりたちを把握する
とともに、「近代建築の5つの原則」を理解しよう。

1. サヴォア邸

サヴォア邸の設計は1928年に始まる。ル・コルビュジエ全集第1巻に収められたその計画案は、3階部分にも居室が存在するなど、実施案よりも大きめである。しかし建築構成の骨格は初期の計画案から一貫している。実施案は第2巻に収められているが、1931年の竣工である。敷地はパリから30kmほど離れたポワッシーという町に位置する。

ル・コルビュジエは言う。

「すばらしい敷地。広い牧草地と果樹園とが円い丘をなし、大きな木々で囲まれた土地。この家には正面があってはいけない。高みに建てられて四方に眺めが開かれなければならない。……」

(出典:W. ボジガー／O. ストノロフ編、吉阪隆正訳『ル・コルビュジエ全作品集 第1巻』A.D.A. EDITA Tokyo、1979年、p.173)

写真8.1 ル・コルビュジエ「サヴォア邸」

建物の主階は2階である。リビング、キッチン、寝室、浴室、テラスなど主要な諸室はピロティ（柱）で2階に持ち上げられる。2階の各部屋からは水平連窓を通して四方に眺望が開ける。1階は玄関、ガレージ、予備室であるが、車回しのために円形のガラスのスクリーンで内外が仕切られる。3階は日光浴のできる屋上庭園である。円弧を使った一連の壁が目隠しのスクリーンになる。1階と2階、2階と屋上は、建物中央に設置されたスロープで結ばれる。

主階を構成する2階は、高さ1層分の平たい直方体である。その平面はほとんど正方形に近いプロポーションである。正確には、19m×21.5mの長方形である。この平たい直方体が多数の細い柱で空中に持ち上げられる。柱割りは基本的に、縦横4.75mの格子状のモジュールに従っているが、中央のスロープの部分で柱割りは不規則になっている。車庫の入口では柱が抜かれている。このあたりに、ル・コルビュジエの思考の柔軟性を感じることができる。

折図1～4は、透視図作成用にル・コルビュジエ全集にある平面図・断面図をCAD上でトレースしたものである。柱間隔4.75mという記述を唯一の手掛かりにトレースしているため、細部においては不正確な部分があるかもしれない。トレースした図面から床面積を計算すると、1階が198m^2、2階が328m^2、3階が12m^2、延床面積538m^2である。この数字には1階の車路や2階のテラスを含めていない。住宅としてはかなり大きい。ル・コルビュジエ全集にあるように、ヴィラを「屋敷」と訳したのはイメージを正確に伝えている。自動車の発明というテクノロジーの進化が可能にした、郊外住宅のひとつの理想形がここにはある。

2. 直方体のボリュームの透視図

サヴォア邸の外寸は 19.2m × 21.5m の長方形平面で高さ 6.55m の直方体である。柱の芯々での距離は 4.75m × 4 スパン＝ 19.0m である。構造芯から外壁の外面までのオフセット距離を 100mm ずつ加算して直方体の外寸は 19.2m となる。もう片方の辺長は、端部の柱の外側がキャンティレバーの跳ね出しとなっており、ル・コルビュジエの原図でも外面が押さえられているので、21.5m が外寸となる。高さ 6.55m には屋上の曲面の壁の高さを含めていない。2階の壁のパラペット天端の地上からの高さが 6.55m である。

第6章の透視図の基礎を復習して、地上に置かれた 19.2m × 21.5m の長方形の透視図を描いてみよう（**図 8.1**）。

1 二点透視図を描くので、平面図上で長方形を 60° 回転して置く。長方形全体の中心を通る垂直線を引こう。その直線が視線の向きになる。次に長方形の1点（図で点B）を通る水平線を引く。これが平面図上では画面の位置となる。透視図では GL ± 0 の直線を表す。視点の高さは、地上に立って視ていることを想定して GL ＋ 1500mm に設定する。水平線 HL は GL を上に 1500mm オフセットした水平線である。初めに引いた長方形の中心を通る視線と HL との交点が視心 Vc である。次に、画面から視点までの距離を設定する。ここでは 15m と設定しよう。図では点 S である。

2 ここまで設定すれば長方形の透視図を直接法で描くことができる。長方形の1つの頂点Bが画面に接していることに注意しよう。B点の上部 6.55m 上空には直方体の頂点Fが存在するが、透視図ではその点は平面図の長方形と同一の尺度で表現される。前川邸の一点透視図での画面設定の方法を復習してほしい。あとは、直接法によって長方形 ABCD の透視図 A′B′C′D′ を描けばよい。

3 続いて、高さ 6.55m の直方体の上面の点 EFGH の透視図 E′F′G′H′ を愚直に直接法で求めれば、直方体の透視図が描かれることになる（**図 8.2**）。しかし、消失点を利用することで作図を簡略化することができる。頂点Bの真上の頂点Fは、点Bが画面に接するので、平面図と同じ縮尺で描かれる。だから点 B′（＝ B）を通る鉛直線を引き、点 B′ から 6.55m の距離を測れば点 F′ が求まる。次に、初めに描いた底面 A′B′C′D′ の辺 A′B′ と辺 B′C′ を水平線 HL まで延長する。その交点を V_1、V_2 とする。V_1、V_2 は消失点である。試しに底面の長方形の他の辺、C′D′ と A′D′ を延長すれば V_1、V_2 の一点で直線 HL に交わる。であるので、A′、C′、D′ の各点から鉛直線を描いておき、直線 F′V_1、直線 F′V_2 などとの交点を求めれば、E′、G′ が求められる。直線 G′V_1 を使えば、点 H′ が求められる。このように、平面図上で AB や BC に平行な直線は、透視図ではすべて消失点 V_1、V_2 に到達するという性質を利用する。ただし、これは直方体の稜線のように平行な線分については有効であるが、複雑な曲線や曲面には応用できない。その場合は、あくまでも直接法によることになる。

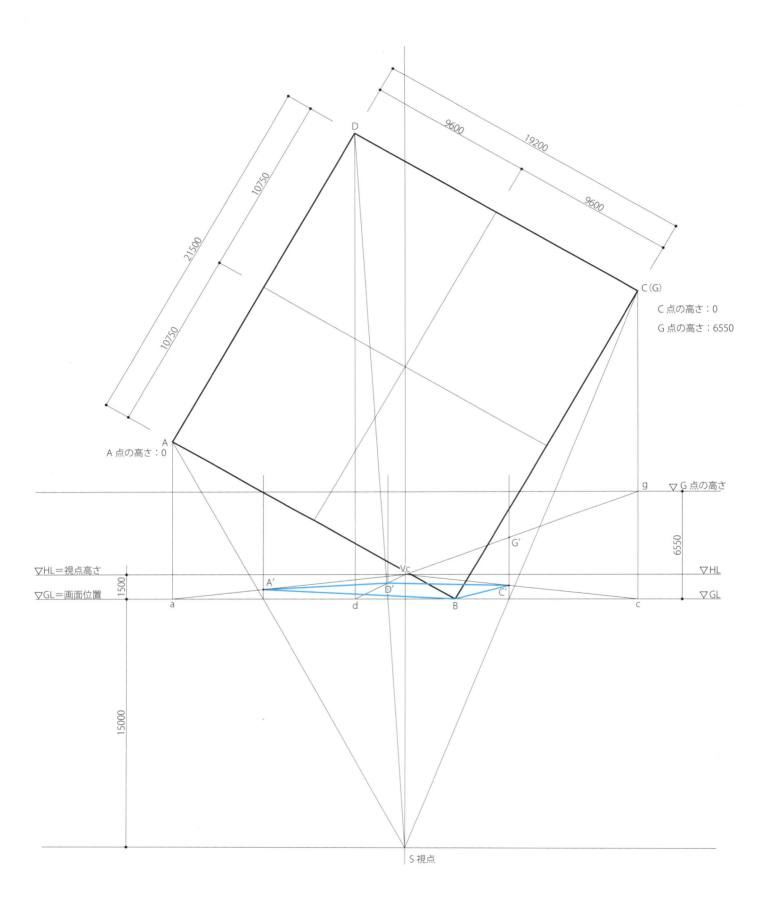

図 8.1　直接法により、地上に置かれた外形 19.2m × 21.5m の長方形の透視図を描く

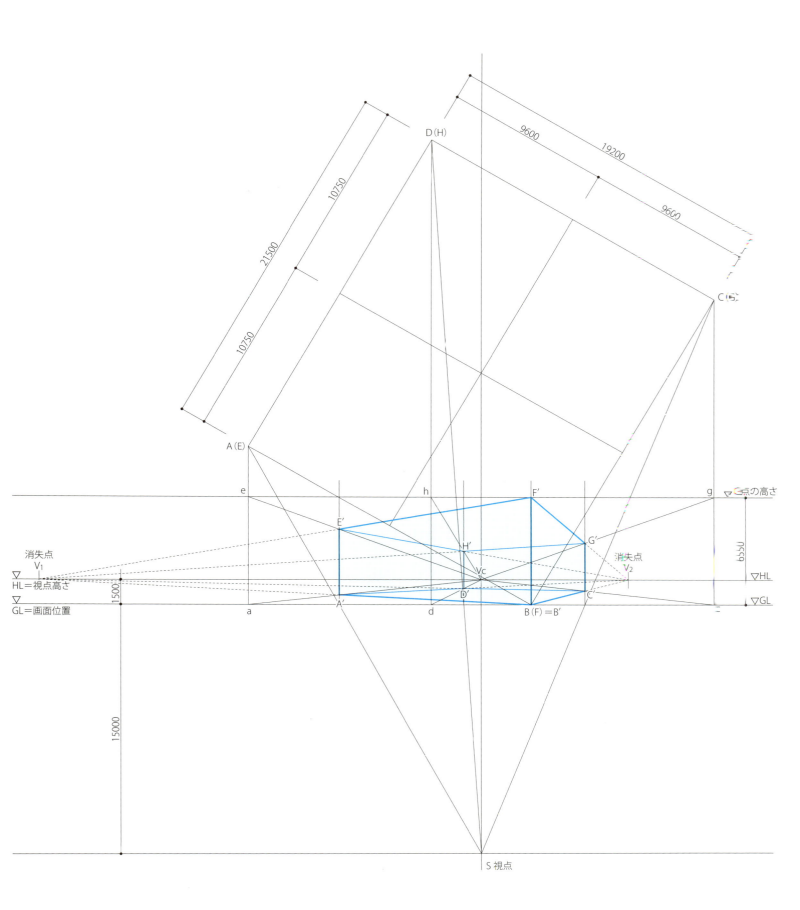

図 8.2　高さ 6.55m の直方体を描く。直接法で描くことができるが、消失点を利用すれば、作図が容易になる

3. サヴォア邸の外観透視図、アウトラインの作図

ここまで基礎を復習したなら、サヴォア邸の外観透視図のアウトラインを作図しよう。縮尺1：100の各階平面図と断面図を用意しよう。(1) 2階の直方体のボリューム、水平連窓、1階のピロティ、(2) 屋上の曲面の壁、(3) 1階の円弧状のガラス・スクリーン、この3つの部分に分けて作図して、最後にそれらを合成して1枚の線画にすればアウトラインが完成する（**図**8.3〜8.5）。

1 まず製図版の半分より上部に縮尺1：100の2階平面図を60°回転してセットする。その上にトレーシング・ペーパーを敷いて主要な点を作図して求める。すでに解説したように、直方体の一番手前の頂点を通る水平線を画面位置（GL）に設定する。平面図の長方形の中心を通る垂直線を視線の向きとする。視点の高さはGL＋1500mm、画面から視点Sまでの距離は15000mmに設定する。通常は、ここでのパラメータ、つまりモデル（直方体）の回転角度、画面の位置、視点の位置と高さは、試行錯誤で数案、直方体の輪郭を描いてみて、その上で決定することになる。しかし、ここでは作図に習熟することが主目的であるから、さしあたり上記のパラメータで作図を開始しよう。興味のある読者は視点位置や高さを様々に変更して作図してみるとよい。

2 作図は、前述の通り、直接法に消失点法を併用して行う。まず19.2m×21.5m×高さ6.55mの直方体の輪郭を作図する。実際の直方体の輪郭は1階の天井から2階屋根上部のパラペットまでである。しかし、地上の長方形の輪郭、および柱の中心位置を示すグリッドもガイドとして利用するために描いておく。

3 1階の軒天井の高さは断面図からGL＋2.75m、パラペット天端はGL＋6.55mである。鉛直方向の長さが平面図と同一のスケールで求められるのは、直方体が画面に接する角のポイントである。それと消失点を使って、天井面の輪郭を描く。

4 ピロティの柱は中心線を立ち上げておく。地上には柱の中心線を示すグリッドが描いてあるが、天井面にもグリッドを描いておくとよい。

5 次に水平連窓を描く。断面図より水平連窓の下端は2FL＋900mm、天端は2FL＋1950mmである。直方体が画面に接するコーナーでこの高さを押さえて、あとは消失点を使って水平連窓の上辺、下辺を作図する。窓の割り付け、つまり鉛直方向の線分は直接法でその位置を割り出す。こうして**図**8.3が作図される。

次に屋上の曲面の壁を作図する。

1 まず製図版に屋上階平面図を敷きこもう。オブジェクトの回転角度や画面位置、視点位置、視点高さはいままでと同一にする。

2 屋上の壁は円弧と直線をつないで形成されている。代表的な点を選んで、点の透視図の作図法（直接法）に従ってプロットしよう。断面図から、壁面の天端の高さはGL＋9250mmである。**図**8.4ではA〜J、およびX、Yの計12点についてポイントをプロットしている。曲線部分はフリーハンドで補間する。

次に、1階の円弧状のガラス・スクリーンを作図する。

1 トレーシング・ペーパーの下に、1階平面図を敷き込んで、屋上の曲面の壁と同じ要領で、代表的な点を選んでプロットする。地上の輪郭だけでなく、サッシュが軒天井にあたる輪郭も描いておく。また、玄関の扉も描いておこう（**写真**8.2）。

こうして作図した3枚の図を合成して1枚の図にまとめれば、外観透視図のアウトラインが完成する（**図**8.6）。

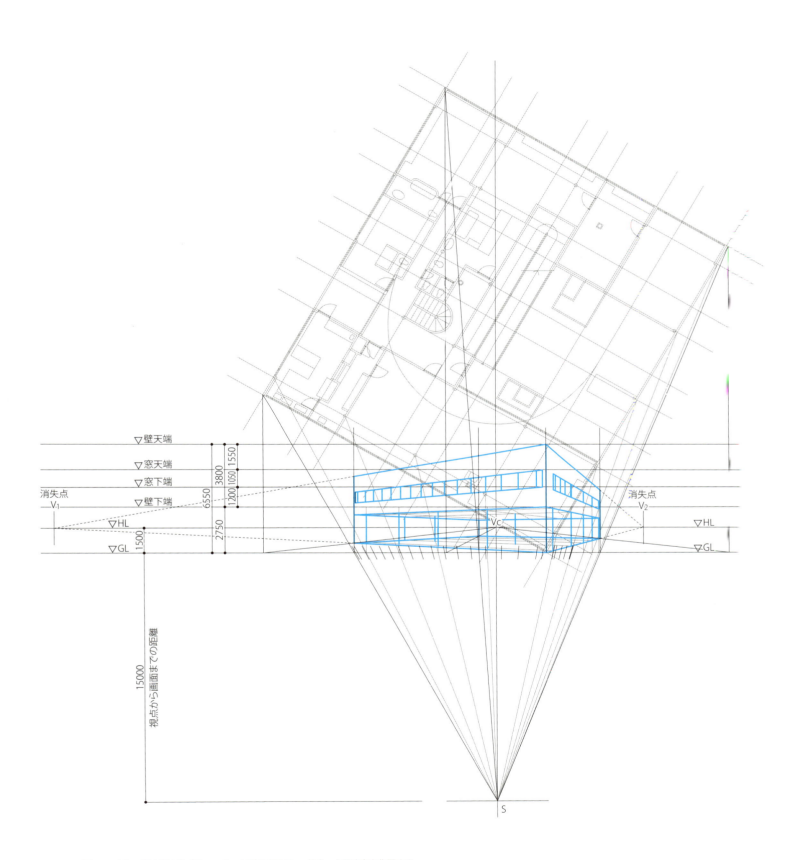

図 8.3 (1) 2階の直方体ボリューム、1階のピロティ（柱）、水平連窓を作図する

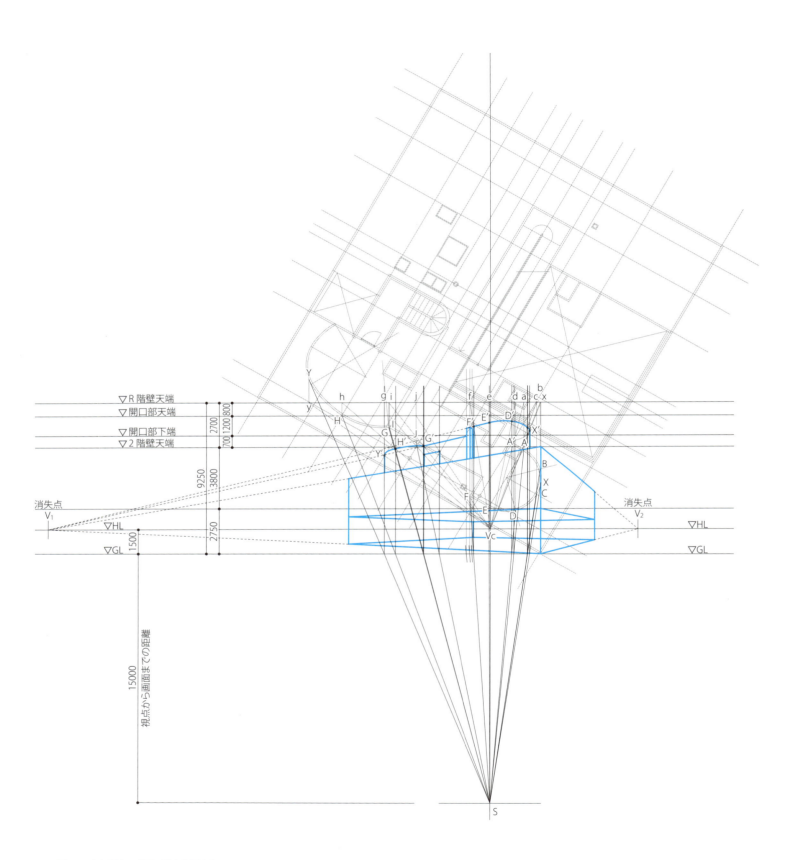

図 8.4 （2）屋上の曲面の壁を作図する

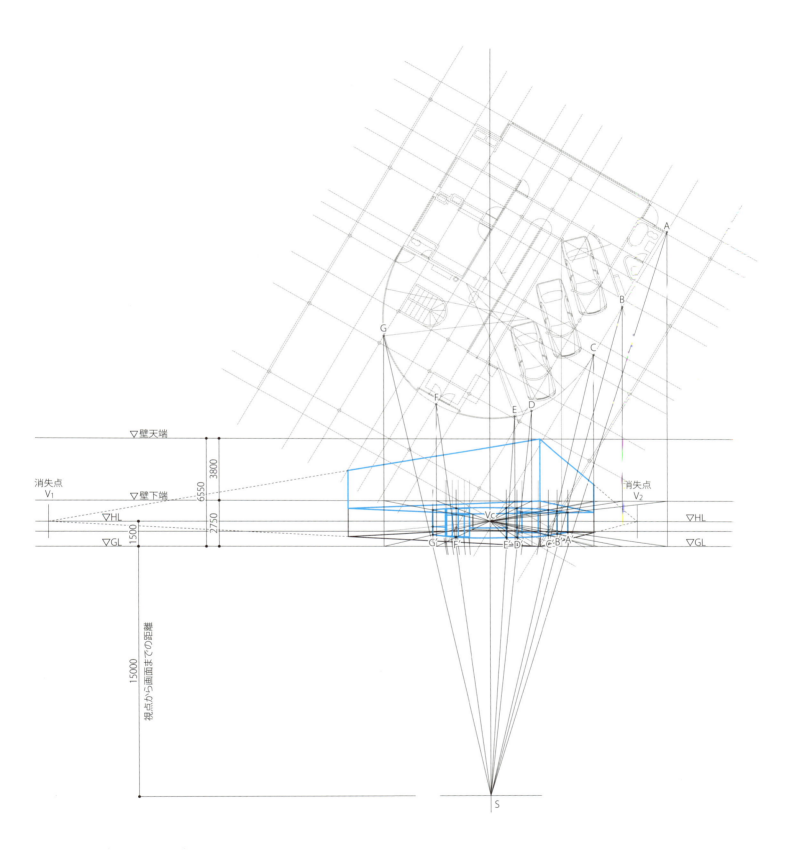

図 8.5 （3）1 階の円弧状のガラス・スクリーンを作図する

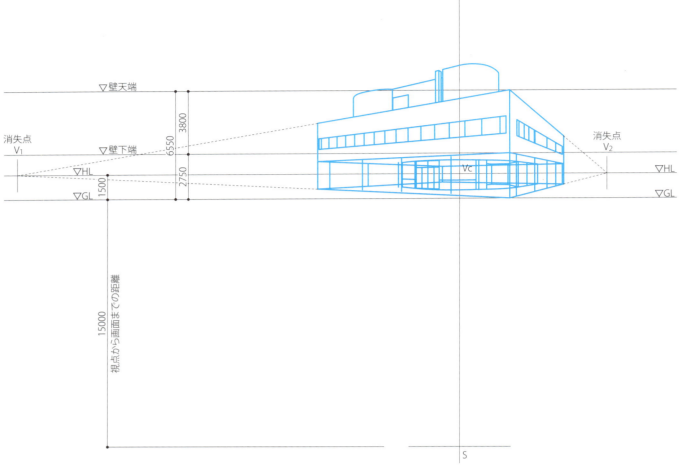

図 8.6 （1）〜（3）を合成して、アウトラインを完成させる

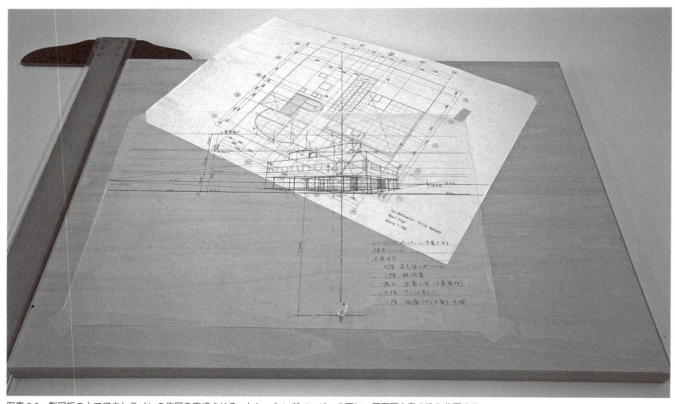

写真 8.2 製図板の上でアウトラインの作図を完成させる。トレーシングペーパーの下に、平面図を敷き込み作図する

4. ワトソン紙に転写して、水彩で仕上げる

1. 前章で示した前川邸の内観透視図の場合と同じ手順で、この外観のアウトラインをワトソン紙に転写する。トレーシング・ペーパー上のアウトラインはかなり小さいので、コピー機を使って拡大コピーしたものを転写すればよい。
2. 転写し終えたら、鉛筆を使ってフリーハンドで線画を整えてゆく。ここで、鉛筆の代わりにペンを使ってインキングして仕上げてもよい。シングルラインで描いてあったピロティの柱や水平連窓の窓枠などを目ノコで二重線に置き換えてゆく。
3. 建物の線画が完成したら人物や植栽など点景を描き加えよう。人物や植栽は配置された場所に応じて大きさが変化する。スケール・アウトにならないように注意しよう。近くのものは細かいディテールまで描き、遠くのものはぼかして描く。
4. 点景のアウトラインを描いたら、太陽光線の向きを仮定して陰影を施そう。1階や屋上の曲面の壁面は、グラデーションや影を掛けて曲面らしく表現しよう。ここまでできたら、あとは水彩絵の具で彩色すれば完成となる（**図 8.7、カバー裏参照**）。

5. 「ドミノ」型住宅

図 8.8 は、ル・コルビュジエ全集に載せられた「大量生産のためのドミノ型標準骨組」と題された説明用の透視図である。1914年、第一次世界大戦でフランドル地方は大きく荒廃した。その復興住宅のためのル・コルビュジエの提案である。通常、住宅の提案といえば、プランと機能の提案が主題になるだろう。ところが、ル・コルビュジエの提案は新しい建設システムの提案だった。鉄筋コンクリートによる柱と床のシステムである。このシステムを並べてゆくことで、様々な形の集合住宅が生まれる。様々なプランと機能を、このシステムに組み込むことが可能である。

この絵を見ると、現代の私たちには、何の変哲もない、ごくありふれたシステムに見える。現在、日々生産される建築の多くはこのシステムの派生形である。強いて違いを見出せば、柱が細いとか、梁がないことくらいであろう。しかし、これが考案された1914年という時代背景を思い出す必要がある。当時の大多数の建築は、レンガや石の組積造の壁に木造の床や屋根を組み合わせて作られていた。鉄筋コンクリートという新しい構造技術が可能になったとき、ル・コルビュジエは、それにふさわしい建築システムのプロトタイプを提案したのである。この透視図には壁が存在しない。プランとは基本的に壁によって作られるものだ。壁を排除したことによって、プランが構造か

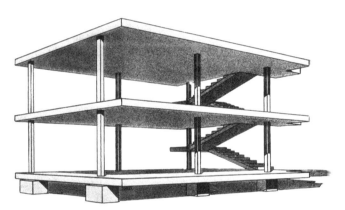

図 8.8 ル・コルビュジエ「大量生産のためのドミノ型標準骨組」1914年
（出典：W. ボジガー／O. ストノロフ編、吉阪隆正訳『ル・コルビュジエ全作品集 第1巻』）

図 8.7 ワトソン紙に転写し、点景・陰影を描き込み、水彩で仕上げる

ら自由になったのである。壁は後から自由に挿入される。

ル・コルビュジエはこのシステムにあわせて、いくつかの集合住宅の企画を提案している。しかし、それらは実現されなかった。ル・コルビュジエ自身、ドミノ型の住宅の原理が完全な形で応用できるまで15年掛かったと述べている。それは1929年のサヴォア邸のことを指していると思われる。それ以前にもこの考え方は多くの計画案といくつかの完成した住宅において展開されている。しかし、この原理があますところなく表現されているのがサヴォア邸である。

6. 新しい建築の5つの要点

ドミノ型の住宅原理以降、ル・コルビュジエが考えてきたことは1926年の「新しい建築の5つの要点」に結実する。5つの要点とは、(1)ピロティ、(2)自由な平面、(3)屋上庭園、(4)水平連窓、(5)自由な立面、という5項目である。**図8.9**は、それを図解して説明したものだ。それぞれの図の右側に旧来の建物の作り方が示され、左側に新しい考え方が提示されている。要約すれば、以下のようになるだろう。

石やレンガを積み上げた組積造の壁に代わって、新しい鉄筋コンクリート造の建物では、構造の主体は柱（ピロティ）になる。壁は構造体ではなく、単なる間仕切りとなり、自由なプランが可能になる。屋根は従来の木造の勾配屋根ではなく、鉄筋コンクリート造のフラットルーフになる。フラットルーフは屋上庭園として利用できる。外壁は上部の荷重を負担する構造体ではなくなるため、縦長の窓にする必要がなくなる。水平に連続する窓が可能になる。その結果、ファサード（立面）は構造体から自由である。

ル・コルビュジエがここで主張している（構造から）自由な立面という考えは、カーテン・ウォールという概念につながってゆく。カーテン・ウォールとはガラス張りのオフィス・ビルに代表されるように、風圧力は受けるが、鉛直荷重は負担しない外壁のことである。これに対し、鉛直荷重、つまり自重と積載荷重を負担する壁は、ロード・ベアリング・ウォールという。近代建築の歴史は、ある一面で、カーテン・ウォールという概念を突き詰めることにあったのではないかと思えることがある。現在建てられる高層の建物は基本的にすべてカーテン・ウォールとして設計する。構造から自由でないと、地震力を受けて亀裂が入るなど様々な問題が生じるからである。平面図や断面図を描くときには、構造体か非構造体かの区別を明確化することがきわめて重要となる。

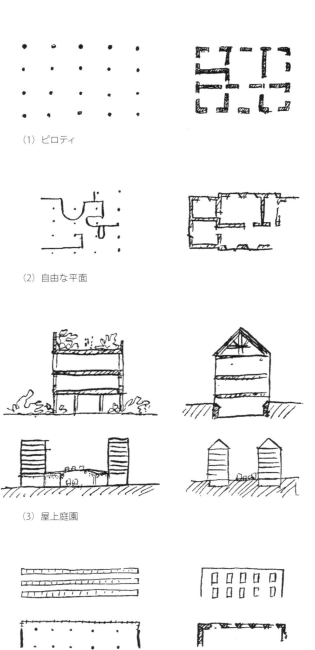

(1) ピロティ

(2) 自由な平面

(3) 屋上庭園

(4) 水平連窓

図8.9　ル・コルビュジエ「新しい建築の5つの要点」1926年
（出典：W. ボジガー／O. ストノロフ編、吉阪隆正訳『ル・コルビュジエ全作品集 第1巻』）

7. ル・コルビュジエとカーンのアクロポリス

第3章でローマの建築を取り上げたとき、ドーム建築の代表例としてパンテオンの例を挙げた。壁を積み上げ、ドームで屋根を掛ける建物の作り方と対比されるのは、柱と梁でフレームを構成し、その上に小屋組を載せるタイプの作り方である。その原初の姿をギリシャのパルテノン神殿にみることができる。ル・コルビュジエは、誰から建築を学んだのかと尋ねられたとき、自分の先生はパルテノン神殿である、と答えている。

パルテノン神殿はアテネのアクロポリスの丘に建っている。紀元前447年に建設が始まり、紀元前438年に完成した。都市アテネの守護神アテナを祀る神殿である。単純で力強いドリス式の列柱が印象的である（**第1章扉**）。それらの円柱は足元で直径1.9m、高さは10.4mある。基壇の幅は30.9m、奥行きは69.5mである。

図8.10は、ル・コルビュジエが1911年にパルテノン神殿を訪れたときのスケッチである。アクロポリスの丘を西側から東に向かって見た全景である。中央はプロピュライア（門となる建物）、パルテノン神殿は向かって右側である。白い大理石や山肌の明るさを強調するために、背景の空や柱の奥の影が鉛筆で濃く塗られている。「建築をめざして」にはパルテノン神殿の記述に一章が割かれている。

「どの時代、どの地方を探しても、建築で世界的にこれに比肩するものはない。……宗教的教理にも象徴的な説明にも、具象的な自然にも関係ない。それはただ正確な比例、純粋な形、それだけのものである。」と述べている（出典：ル・コルビュジエ著、吉阪隆正訳『建築をめざして』鹿島出版会、p.167）。

図8.11は、もう一人の近代建築の巨匠、ルイス・カーンのスケッチである。描かれたのは1951年である。これはやはりアクロポリスの丘のふもとからパルテノン神殿を見ている構図であるが、東側から西に向かって見ている。おそらく夕焼けの光景であろう。空も擁壁も赤く染まっている。神殿の東正面は真っ黒なシルエットとして描かれている。光と影の見事な対比である。

図8.10 ル・コルビュジエ、スケッチ「アクロポリス」1911年
(出典：Jean-Louis Cohen / Tim Brenton, *"Le Corbusier Le Grand"*)

図8.11 ルイス・カーン、スケッチ「アクロポリス」1951年 (出典：David B. Brownlee/David G. De Long, *"Louis I. Kahn, In the Realm of Architecture"*)

図版出典・クレジット一覧

まえがき
Peter Gössel, *"Frank Lloyd Wright 1885-1916 The Complete Works,"* TASCHEN GmbH, Köln, 2011, p.18

第1章

図 1.14
図版提供：磯崎新アトリエ

図 1.15
Jeep's Scratch Pad, *"Tilings with a convex pentagonal tile,"* <http://www.jaapsch.net/tilings/index.htm#kisohed>（2019/11/1/ 取得）

第2章

扉
図版提供：磯崎新アトリエ

図 2.4
図版提供：谷口建築設計研究所

図 2.7
図版提供：磯崎新アトリエ

第3章

写真 3.5
Burkhardt Rukschcio, *"ADOLF LOOS,"* Graphische Sammlung Albertina, Wien, 1989, p.429

図 3.3
Burkhardt Rukschcio, *"ADOLF LOOS,"* Graphische Sammlung Albertina, Wien, 1989, p.345

図 3.6
Le Corbusier, *"Towards A New Architecture,"* The Architectural Press, London, 1946, p.147

図 3.7
日本建築学会編『西洋建築史図集 三訂版』彰国社、1981 年、p.20

写真 3.6
Attila Terbócs, *"Pantheon,"* <https://ja.wikipedia.org/wiki/%E3%83%95%E3%82%A4%E3%83%AB:Pantheon_opeion.jpg>（2019/11/1 取得）, CC BY-SA 3.0（この写真は、クリエイティブ・コモンズに示される表示－継承3.0 非移植のライセンスのもとで提供されています）

図 3.8
図版提供：磯崎新アトリエ

第4章

扉
図版提供：磯崎新アトリエ

図 4.7
Theo van Doesburg, Cornelis van Eesteren, *"Contra-Construction Project (Axonometric),"* <https://www.moma.org/collection/works/232>（2019/11/1 取得）

図 4.11
Le Corbusier, *"Towards A New Architecture,"* The Architectural Press, London, 1927, p.46

図 4.12
W. ボジガー／O. ストノロフ編、吉阪隆正訳『ル・コルビュジエ全作品集 第1巻』A.D.A. EDITA Tokyo、1979 年、p.31

第5章

扉
図版提供：磯崎新アトリエ

写真 5.3
Stuart Wrede / Janet R. Wilson, *"Architectural Drawings of the Russian Avant-Garde,"* The Museum of Modern Art, New York, 1990, p.19

図 5.2
David B. Brownlee / David G. De Long, *"Louis I. Kahn, In the Realm of Architecture,"* The Museum of Contemporary Art, Los Angeles, 1991, p.147

第6章

図 6.10
Peter Gössel, *"Frank Lloyd Wright 1885-1916 The Complete Works,"* TASCHEN GmbH, Köln, 2011, p.282

図 6.11
Peter Gössel, *"Frank Lloyd Wright 1885-1916 The Complete Works,"* TASCHEN GmbH, Köln, 2011, p.234

第7章

扉
図版提供：磯崎新アトリエ

写真 7.1
撮影：脇坂圭一

図 7.1
図版提供：前川建築設計事務所

図 7.2
図版提供：前川建築設計事務所

図 7.6
W. ボジガー／O. ストノロフ編、吉阪隆正訳『ル・コルビュジエ全作品集 第1巻』A.D.A. EDITA Tokyo、1979 年、p.162

図 7.7
W. ボジガー／O. ストノロフ編、吉阪隆正訳『ル・コルビュジエ全作品集 第1巻』A.D.A. EDITA Tokyo、1979 年、p.162

図 7.8
Roseline Bacou, *"Piranesi, Etchings and Drawings,"* New York Graphic Society, Boston, 1975, p.61

図 7.9
Roseline Bacou, *"Piranesi, Etchings and Drawings,"* New York Graphic Society, Boston, 1975, p.161

図 7.10
図版提供：磯崎新アトリエ

第8章

図 8.8
W. ボジガー／O. ストノロフ編、吉阪隆正訳『ル・コルビュジエ全作品集 第1巻』A.D.A. EDITA Tokyo、1979 年、p.15

図 8.9
W. ボジガー／O. ストノロフ編、吉阪隆正訳『ル・コルビュジエ全作品集 第1巻』A.D.A. EDITA Tokyo、1979 年、p.115

図 8.10
Jean-Louis Cohen / Tim Brenton, *"Le Corbusier Le Grand,"* Phaidon Press Ltd, London, 2008, p.36

図 8.11
David B. Brownlee / David G. De Long, *"Louis I. Kahn, In the Realm of Architecture,"* The Museum of Contemporary Art, Los Angeles, 1991, p.149

※記載のない図版は、筆者撮影・作成、もしくはパブリックドメイン

参考文献一覧

■ 2次元の作図、軸測投象図、透視図
面出和子、齋藤綾、佐藤紀子著『造形の図学』日本出版サービス、1982年

■ コンピュータ、プログラミング言語
杉原厚吉著『なわばりの数理モデル』共立出版、2009年
岡部篤行、鈴木敦夫著『最適配置の数理』朝倉書店、1992年
白川洋充著『Lispプログラミング入門』オーム社、1989年
中久喜健司著『科学技術計算のためのPython入門』技術評論社、2016年
鳥谷浩志、千代倉弘明編著『3次元CADの基礎と応用』共立出版、1991年

■ ル・コルビュジエ
W. ボジガー／O. ストノロフ編、吉阪隆正訳『ル・コルビュジエ全作品集 第1巻』A. D. A. EDITA Tokyo Co., Ltd.、1979年
ル・コルビュジエ著、吉阪隆正訳『建築をめざして』鹿島出版会、1967年
Le Corbusier, "*Towards A New Architecture,*" The Architectural Press, London, 1927
Jean-Louis Cohen, Tim Brenton, "*Le Corbusier Le Grand,*" Phaidon Press Ltd, London, 2008

■ フランク・ロイド・ライト
Peter Gössel, "*Frank Lloyd Wright 1885-1916 The Complete Works,*" TASCHEN GmbH, Köln, 2011

■ ルイス・カーン
ルイス・カーン著、前田忠直編訳『ルイス・カーン建築論集』鹿島出版会、1992年
David B. Brownlee, David G. De Long, "*Louis I. Kahn, In the Realm of Architecture,*" The Museum of Contemporary Art, Los Angeles, 1991

■ その他
藤木庸介編著『名作住宅で学ぶ建築製図』学芸出版社、2008年
杉本俊多著『20世紀の建築思想―キューブからカオスへ』鹿島出版会、1998年
日本建築学会編『西洋建築史図集 三訂版』彰国社、1981年
猪岡達夫、中村研一、石山央樹、片岡靖夫著『本質を理解しながら学ぶ建築数理』丸善出版、2017年
Colin Rowe, Fred Koetter, "*Collage City,*" The MIT Press, Massachusetts, 1978
Burkhardt Rukschcio, "*ADOLF LOOS,*" Graphische Sammlung, Albertina, Wien, 1989
Stuart Wrede, Janet R. Wilson, "*Architectural Drawings of the Russian Avant-Garde,*" The Museum of Modern Art, New York, 1990
Roseline Bacou, "*Piranesi, Etchings and Drawings,*" New York Graphic Society, Boston, 1975

著者略歴

佐藤健司（さとう・けんじ）
静岡理工科大学理工学部建築学科教授
1958 年、埼玉県大宮市生まれ
1981 年、東京大学工学部建築学科卒業
1983 年、東京大学大学院工学系研究科建築学専門課程修士課程修了、工学修士
1983 〜 1984 年、メルボルン大学大学院留学（ロータリー奨学生）
1985 〜 2000 年、株式会社磯崎新アトリエ勤務
2000 〜 2017 年、有限会社佐藤健司建築都市研究所代表取締役
2017 年より現職

建築図法
立体・パース表現から設計製図へ

2019 年 12 月 10 日　第 1 版第 1 刷発行

著　者………佐藤健司
発行者………前田裕資
発行所………株式会社学芸出版社
　　　　　　京都市下京区木津屋橋通西洞院東入
　　　　　　電話 075-343-0811　〒600-8216
　　　　　　http://www.gakugei-pub.jp/
　　　　　　info@gakugei-pub.jp
編集担当……松本優真・知念靖廣
装　丁………KOTO DESIGN Inc. 山本剛史
印　刷………イチダ写真製版
製　本………山崎紙工

Ⓒ Kenji Sato 2019　　　　　　　　　　Printed in Japan
ISBN 978-4-7615-2721-1

好評発売中

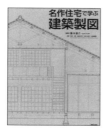

名作住宅で学ぶ建築製図

藤木庸介 編著
A4変判・96頁・本体2800円+税

篠原一男「白の家」など、建築デザインとしても魅力的である日本の近代名作住宅を題材にした、製図演習のための学習テキスト。建築家の生い立ちや、作品写真などの参考資料により、製図と実際の建築の関係性をより密に捉えることができる。設計のための基礎体力づくりを目的とした、意欲的に学びたい学生のための一冊。

建築デザイン製図

松本正富 編著/政木哲也・半海宏一 他著
A4変判・112頁・本体2800円+税

実務に則した汎用的なプランニングや納まりをもつ木造住宅とRC造複合ビルの1/100製図手順を徹底解説。簡易透視図法によるパースの描き方、模型のつくり方、プレゼンテーションテクニックまで網羅し、「伝わる建築プレゼンテーション」を素早く習得。各章末に、課題ごとの評価基準を見える化した「ルーブリック評価シート」付。

建築・設計・製図 住吉の長屋・屋久島の家・東大阪の家に学ぶ

貴志雅樹 監修/松本 明・横山天心 著
A4変判・92頁・本体2800円+税

安藤忠雄「住吉の長屋」、堀部安嗣「屋久島の家」、岸和郎「東大阪の家」の名作住宅3題で製図、パース・模型制作、プレゼンテーションと一連のスキルを学べる入門書。中庭をもつ矩形平面という3題の共通点や、周辺環境や構造種別（RC造・木造・S造）に応じた個々のプランニングで、空間を読み解きながらの基礎習得を実現。

ヒルサイドテラスで学ぶ建築設計製図

勝又英明 著
A4変判・83頁・本体2800円+税

建築家・槇文彦氏の名作、代官山ヒルサイドテラスの第6期の建築を徹底解剖し、RC造複合施設の計画・設計製図を学ぶ入門書。構造的にもシンプルで美しい建築をもとに、撮り下ろしの豊富な写真を参照しながら、空間のつくりかた、ゾーニング、寸法、設備、外構、ディテールに触れる。社会人1年生の学びなおしにも最適。

アクティブ・パース 役立つテクニック

宮後 浩 著
A4判・96頁・本体2800円+税

企画段階で、また打合せの場で、言葉だけでは伝わらないイメージをその場でパースに。これは、施主に対しての絶対的なプレゼンテーションとなる。本書では、街並み、マンション、ビル、店舗、住宅、公園、インテリア等あらゆる対象を組込み、フリーハンドで描く簡略パースから精度の高いパースまで15作例を、段階ごとに詳述。

パーステック

宮後 浩 著
A4判・104頁・本体2800円+税

「パースをよりわかりやすく、より楽しく描きながら、プロのパーステクニックを身につけることができるように」という著者の願いをこめ、パース教育経験20年で培ったすべてをこの一冊に集約。簡潔な解説やワンポイントアドバイスなど、ユニークな紙面構成で飽きることなく確実に学べる。パースを修得したい人の最適テキスト。

新訂版 建築の新透視図法

長尾勝馬 著
B5横判・120頁・本体1600円+税

設計思想を表現する重要な手段としての透視図を詳しく解説。また、着色テクニック等で仕上げ表現にも重点を置き、実用性を高めた。点・直線の透視法/平行透視の足線法/成角透視の45°法/成角透視の測点法/斜角透視法/介線透視法/陰影透視法/拡大透視法/鳥かん透視法/三消点透視法/いろいろな画法など。

初歩からの建築製図

藤木庸介・柳沢究 編著
A4変判・92頁・本体2800円+税

建築製図を初めて学ぶ学生を対象に、どのように描いていくのかをやさしく導く、入門製図テキスト。シンプルな箱の建物をもとに、空間の把握、図面のしくみを学んだあと、本格的に木造の製図を描く練習をする。つまずきやすいところ、誤解しやすいところなどを、楽しげなイラストを交えて、わかりやすく解説している一冊。

建築製図　基本の基本

櫻井良明 著
A4変判・128頁・本体3200円+税

初めて建築製図を学ぶ人のテキスト。縮尺1／100図面を1／50の大きさで描くことで、基本となる描き方やルールがしっかり身につく。各種図面は作図手順を丁寧に示し、他図面と関連付けて解説することで、理解しながら図面が描ける。屋根、開口部は特に丁寧に説明して、演習課題も随所に入れることで作図力アップも目指した。

建築ドリル　空間表現の基礎を学ぶ

「建築ドリル」編集委員会 編
A4変判・96頁・本体1800円+税

線の引き方に始まり、平面、立体表現など建築製図の基礎を、初学者が手を動かしながら学ぶ入門トレーニング。シンプルで具体的な課題、独学や自宅学習にも使いやすいレイアウトで、教師・学生ともが親しめる構成を工夫した。図面表現や図面読解の基礎から、名建築を例に構造別の特徴を読み取る応用編まで、丁寧に導いている。

図形ドリル　平面・立体表現の基礎を学ぶ

上田篤 著
A4変判・96頁・本体1800円+税

線の引き方に始まり、平面、立体、そして徐々に製図の基礎へと、初学者が手を動かしながら学ぶ入門トレーニング。シンプルで具体的でストーリーのある課題、独学や自宅学習にも使いやすいレイアウトで、教師・学生ともが親しめる構成を工夫した。プロダクト、家具、インテリアまで、スケールや縮尺の考え方も丁寧に導いた。

学芸出版社 | Gakugei Shuppansha

- 図書目録
- セミナー情報
- 電子書籍
- おすすめの1冊
- メルマガ申込（新刊&イベント案内）
- Twitter
- Facebook

建築・まちづくり・コミュニティデザインのポータルサイト

✎ WEB GAKUGEI
www.gakugei-pub.jp/

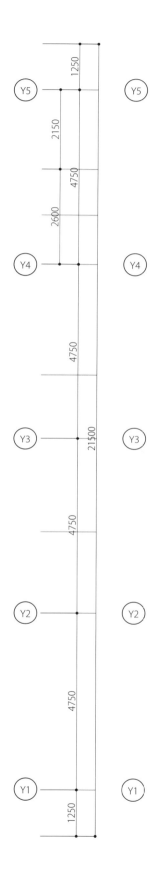

サヴォア邸、1階平面図

折図1

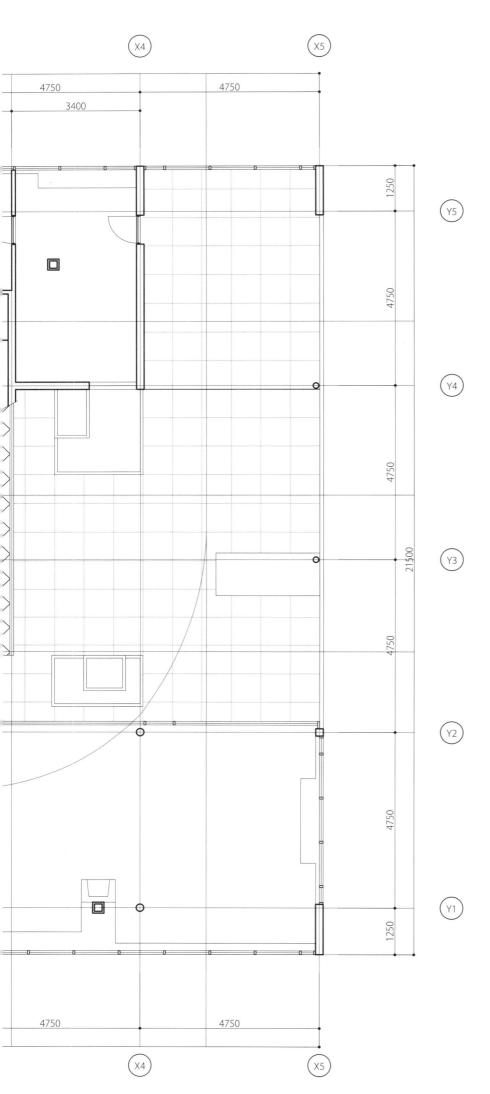

折図2

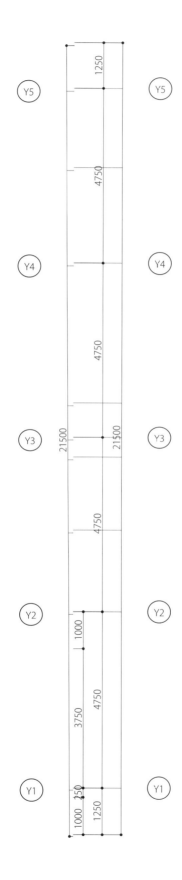

サヴォア邸、屋上階平面図

折図3

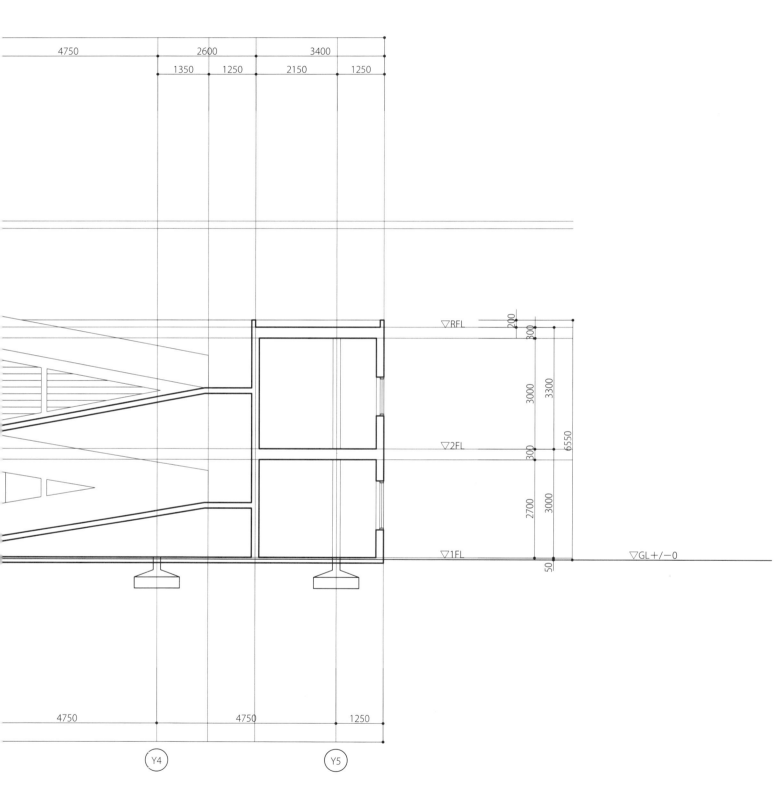